OSTEREIER – OSTERBRÄUCHE

Je vous donne, en donnant un oeuf, tout l'univers.
Ich schenke Dir, mit einem Ei, die ganze Welt.

(aus einem Sonnett von Pierre de Ronsard (1524–85)

Frau Maud Pohlmeyer in Dankbarkeit gewidmet!

RÜDIGER VOSSEN, ANTJE KELM,
KATHARINA DIETZE †

OSTEREIER – OSTERBRÄUCHE

Vom Symbol des Lebens zum Konsumartikel

CHRISTIANS VERLAG

Titelfoto:
Palmwedel (palmito) aus Glanzfolie,
Nordportugal (Slg. Maud Pohlmeyer)

Palmwedel (palmera) aus Palmblättern
geflochten, Tortosa (Nordostspanien)
(Slg. R. Vossen)

Palmstecken mit Papierblumen, Apfel
und Buchsbaumzweigen, Cloppenburg
(Slg. Maud Pohlmeyer)

CIP-Kurztitelaufnahme der Deutschen Bibliothek

Vossen, Rüdiger:
Ostereier – Osterbräuche / Rüdiger Vossen;
Antje Kelm; Katharina Dietze. – 4. Aufl. – Hamburg:
Christians, 1987.
(Wegweiser zur Völkerkunde; Bd. 25)
Bis 3. Aufl. verl. vom Hamburg. Museum für
Völkerkunde, Hamburg
Bis 3. Aufl. u. d. T.: Kelm, Antje: Ostereier
ISBN 3-7672-9986-0

NE: Kelm, Antje:; Dietze, Katharina:; GT

© Hamburgisches Museum für Völkerkunde
Hans Christians Verlag, Hamburg 1987
Alle Rechte vorbehalten
Fotos: Hamburgisches Museum für Völkerkunde
Burkhard Brinker, Brigitte Saal
4. verbesserte und erweiterte Auflage 1987
ISBN 3-7672-9986-0
ISSN 0511-4225
Printed in Germany

Inhalt

Vorwort zur vierten Auflage

In den Jahren 1981 und 1982 zeigte das Hamburgische Museum für Völkerkunde die Sonderausstellung »Ostereier – vom Symbol des Lebens zum Konsumartikel« bzw. »Rund ums Osterei – Tradition, Kunstgewerbe und Konsum in Europa und anderswo«. Zugrunde lag in beiden Fällen die umfangreiche Osterbrauchsammlung Maud Pohlmeyer, die in unermüdlichem Einsatz Ostereier, Gebildbrote, Palmstecken und andere österliche Objekte aus verschiedenen europäischen Ländern und zum Teil auch aus Übersee zusammengetragen hatte.

Die Sammlung Pohlmeyer umfaßt die folgenden regionalen oder ethnischen Schwerpunkte: Hessen, Rhön, Süddeutschland (Berchtesgaden, Saulgau, Nürnberg,) Schlesien, Schweiz, Österreich (Burgenland), Thüringen (DDR), Oberlausitz (Sorben), Wendland, Polen, Mähren (CSSR), Ungarn, Rumänien, Ukraine, Rußland, Litauen und Griechenland. Aus überseeischen Gebieten sind China und Japan, Kaschmir, Pakistan und Mexiko vertreten. Im Jahre 1983 hat Maud Pohlmeyer ihre etwa 1200 Objekte umfassende Sammlung dem Hamburgischen Museum für Völkerkunde übereignet. Ihr, der großen Sammlerin, möchten wir dieses Büchlein widmen.

Auch nach Schließung der im zweiten Jahr noch wesentlich erweiterten Osterausstellung ließ das Interesse der Besucher an dem Osterthema nicht nach. Vor allem verlangte man danach, österliche Objekte selbst herzustellen oder erwerben zu können. So organisierten wir 1985 mit 16 Ausstellern aus dem Bundesgebiet den ersten norddeutschen Ostermarkt, dem 1986 und 1987 jeweils am Wochenende vor Ostern weitere Ostermärkte folgten. Das Museum erlebte dabei einen bis dahin nie gekannten Besucherandrang.

Die gesamte Hamburger Osterausstellung wird im Frühjahr 1987 außerdem im Patrizierschloß Neunhof, einer Außenstelle des Germanischen Nationalmuseums Nürnberg, gezeigt.

Die Nachfrage nach diesem kleinen Buch hielt unvermindert an, so daß nach den ersten drei Auflagen im Selbstverlag des Museums ab 1987 eine überarbeitete Auflage im Hans Christians Verlag in Hamburg auch über den Buchhandel zu erwerben ist. Im gleichen Verlag ist 1986 bereits in zweiter Auflage das Taschenbuch »Weihnachts-bräuche in aller Welt« von R. Vossen u. a. erschienen. Dieses Buch begleitete eine Ausstellung unter dem Thema »Weihnachtszeit – Wendezeit (Martini bis Lichtmess – Weihnachten in Europa)«, die 1985/86 im Völkerkundemuseum in Hamburg gezeigt wurde. Auch diese Ausstellung baute auf der reichen Weihnachtssammlung von Maud Pohlmeyer auf und knüpfte an das rege Interesse breiter Bevöl-kerungsschichten an der Wiederentdeckung von altem Brauchtum an.

Allen Lesern, die zur Verbesserung und zur Ergänzung des Oster-büchleins beitragen können, möchten wir im voraus bereits herzlich danken.

Hamburg, im Januar 1987   Rüdiger Vossen

Vorchristliche Osterbräuche

Das germanische Frühlingsfest –
Vorläufer des christlichen Osterfestes?

Es ist kein Zufall, daß Ostern, das Fest der Auferstehung Jesu, im europäischen Frühling gefeiert wird. Denn zu dieser Zeit fanden bei den Völkern, die in vorchristlicher Zeit Europa nördlich der Alpen besiedelten, *Frühlingsfeiern* statt, und auch im alten Rom beging man ein wichtiges Fest, das *Neujahrsfest*, im März. Frühling, das bedeutet ja das Erwachen der Natur, das Wiederauferstehen von Wiese, Wald und Feld aus der winterlichen Erstarrung. Es bedeutete für die Menschen vor tausend, zweitausend und mehr Jahren in unserem Lebensraum, daß die Zeiten knapper Nahrung, des Hungers und sicher auch des Frierens bald vorüber sein würden, daß Zeiten des Überflusses, der Wärme und des Lichts bevorstanden. Und um das zu feiern, beging man in vorchristlichen Zeiten mit einer Reihe von unterschiedlichen Riten ein Frühlingsfest als ein Fest des Lebens und der Fruchtbarkeit.

Es ist hier nicht Raum genug, ein germanisches Frühlingsfest mit all seinen möglichen Einzelheiten – von denen wir ohnehin keine allzu verläßlichen Daten besitzen – zu schildern. Auch können wir aufgrund mangelnder zuverlässiger Quellen nur Vermutungen darüber anstellen, ob dieses Frühlingsfest bei den Germanen *Thor* gewidmet war oder ob es tatsächlich, wie von manchen Autoren angenommen wird, eine besondere Frühlingsgöttin namens *Ostara* bzw. *Eostra* gegeben hat, die zugleich eine Göttin der Morgenröte, des Lebens und der Fruchtbarkeit gewesen sein soll (s. dazu auch S. 31). Besonders die Volkskundler der nationalsozialistischen Zeit, die bemüht waren, deutsches Brauchtum auf germanische Wurzeln zurückzuführen, stellen diesen engen Zusammenhang zwischen einer Göttin Ostara, dem Namen Ostern und dem germanischen Frühlingsfest her. Ihnen dient als Quelle vornehmlich die Mythologie Jakob Grimms, der seinerseits auf einer einzigen Textstelle des angelsächsischen Autors Beda fußt. Dieser hatte im 8. Jahrhundert in einer Beschreibung der Sitten der westgermanischen Stämme eine Göttin Eostra erwähnt, der im April, der nach ihr – laut Beda – Estormonath genannt wird, Opfer dargebracht worden sein sollen. Der Name Eostra wird im Althochdeutschen zu Ostara, der des Ostermonats zu Ôstarmanoth. Einen weiteren Beleg für die Existenz der germanischen Ostara sieht Freybe (1922:5) in einem im Kloster Corvey erhaltenen altsächsischen Bardenchor, der Ostara als Erdmutter preist.

Sei nun Thor als Bezwinger der mythischen Eisriesen, sei Ostara als Göttin des Morgenlichts, der Erde oder der Fruchtbarkeit die Persönlichkeit, der ein germanisches Frühlingsfest gewidmet gewesen ist, mag dieses Fest auch mit einem nicht an eine bestimmte, personifiziert gedachte Gottheit gerichteten Kult begangen worden sein, Tatsache ist, daß alten, germanischen Frühlingsfeiern das christliche Osterfest aufgepfropft worden ist. Wie die Germanen in ihren Frühlingsfeiern die Auferstehung der Natur aus ihrem winterlichen Schlaf begangen haben, so feiern nun die Christen zur selben Zeit die Auferstehung des Herrn aus dem Grab. *Beide Feste verherrlichen den Sieg des Lebens über den Tod.*

Foto 1: Heidelberger »Sommertagszug« um 1865
(Holzschnitt von Carl Roux) (s. dazu S. 33 f.)

12

Das Ei als Symbol des Lebens und der Fruchtbarkeit

Da wir den Ablauf der germanischen Frühlingsfeiern, von denen es sicher auch eine Reihe unterschiedlicher Varianten bei den verschiedenen germanischen Stämmen gegeben hat, nicht kennen, wollen wir hier auch nicht versuchen, etwa den Ablauf einer solchen alten Feier zu rekonstruieren. Wir wollen vielmehr dem an Volksbrauchtum nachgehen, von dem wir aufgrund unserer genauen Kenntnis des Christentums sagen können, daß es aus nichtchristlichen Quellen stammen muß. Zu diesen Dingen gehört in erster Linie das Osterei.

Es ist offensichtlich, daß das Ei die Phantasie der über die Geheimnisse des Lebens nachdenkenden Menschen zahlreicher Völker in allen Kontinenten immer wieder angeregt hat. Denn da ist einmal seine einfache, doch vollendete Form. Zum anderen ist der besondere Vorgang außerordentlich bemerkenswert, durch den aus ihm, das selbst aus dem Körper eines Vogels scheinbar tot hervorgegangen ist, plötzlich Leben entsteht.

Schöpfungsmythen

So taucht in den Schöpfungsmythen ganz verschiedener Völker, die weit entfernt voneinander leben, immer wieder das Ei als der Körper auf, der vor allem Leben war und aus dem das lebendige Sein oder auch nur ein Teil von ihm, etwa eine Gottheit oder die Menschen, entstanden ist. Eine *chinesische* Kosmogonie, d. h. eine Geschichte, die die Entstehung des Weltalls und der Erde zum Inhalt hat, schildert den Anfang der Welt als ein großes Wasser, aus dem ein Ei hervorging, das sich selbst ausbreitete und Land wurde. Gemäß den Vorstellungen der *Hindu* spielte in der Schöpfungsgeschichte ein goldenes Ei eine hervorragende Rolle. Wie aus diesem Ei das gesamte Universum entstand, dafür gibt es verschiedene mythische Schilderungen. Gemäß einer von ihnen hockt *Brahma*, umgeben von allem zukünftigen Sein, tausend Jahre lang in diesem Ei. Einer anderen Variante zufolge sitzt Brahma ein Jahr lang in dem goldenen Ei. Dann teilt er es durch seinen bloßen Willen, und aus der einen Hälfte der Eierschale formt er den Himmel und aus der anderen Hälfte die Erde.

Das goldene Schöpfungsei erscheint auch in dem *Kalevala*, dem heiligen Buch aus dem alten *Finnland*. Nach einer hier aufgezeichneten Überlieferung begann die Welt in dem Zustand, in dem sie sich heute befindet, nachdem der Gott der Lüfte ein goldenes Ei auf das aus dem Ur-Ozean herausragende Knie einer schlafenden Meergöttin legte. Durch ein plötzliches Zittern dieser Göttin zerbrach das goldene Ei, und aus seinen Bruchstücken entstanden die einzelnen Teile des Universums. Die obere Hälfte der Schale wurde zum Himmel, das Eidotter die Sonne, das Eiweiß der Mond, und lauter weitere kleine Stückchen bildeten die Sterne und die Wolken.

Aber nicht nur die asiatische und die europäische Mythologie kennt das Ei als wesentlichen Bestandteil des Schöpfungsgeschehens. In der *altperuanischen* Mythologie geht etwa Pariacaca, die Stammesgottheit eines kleinen, eher unbedeutenden Gebirgsstammes, in fünfmaliger Gestalt aus fünf Eiern hervor. Eine andere altperuanische Mythe weiß von drei vom Himmel fallenden Eiern zu berichten. Diese Eier, ein goldenes, aus dem die männlichen Mitglieder des Adels hervorkommen, ein silbernes, dem die adligen Frauen entspringen, und ein kupfernes, welches das gemeine Volk in sich birgt, sollen zugleich mit der Schaffung der Menschheit die Gliederung der Gesellschaft in verschiedene soziale Schichten als gottgewollt erklären.

Diese wenigen Hinweise mögen als Beleg dafür dienen, daß das Ei in den Schöpfungsmythen auf weiten Teilen der Erde – auch Beispiele etwa aus der ägyptischen und griechischen Mythologie, aus dem Iran und Japan ließen sich anführen – eine wesentliche Rolle spielt. Wer sich detaillierter, aber auch zusammenfassend mit diesem Fragenkomplex befassen möchte, dem sei die Lektüre von *V. Newalls »An Egg at Easter«* empfohlen, das eine Fülle von Mythen anführt, in denen das Ei von hervorragender Bedeutung für den Schöpfungsvorgang ist.

Bauopfer

Wenn die Natur des Eis die Phantasie des Menschen dahingehend angeregt hat, daß er in ihm den Ursprung der Welt, der Götter und der Menschen zu sehen geglaubt hat, so bleibt freilich die Symbolik des Eis keineswegs auf die Schöpfung allein bezogen. Als *Ersatz für menschliches Leben* möchte Newall (1969:45) es verstanden wissen, wenn sie seine ebenfalls weltweite Verwendung als *Bauopfer* erwähnt. Ihren Gedankengängen zufolge hat man in ganz frühen Zeiten nur Menschen zur Gründung von Bauwerken als Opfer dargebracht, und die Menschen seien in aufgeklärteren Zeiten durch Tiere und diese dann wieder durch Eier ersetzt worden. Freilich wird sich das nicht immer und überall in dieser Reihenfolge abgespielt haben. Auf jeden Fall steht das Ei in diesem Zusammenhang für *Leben*, für etwas Lebendiges, das nach früher weit verbreiteter Meinung einem Bauwerk Bestand und Dauer verleihen sollte. Um ein auch bei uns recht bekanntes Beispiel für die Erwähnung eines solchen Bauopfers zu nennen, so läßt *Theodor Storm* in seinem »Schimmelreiter« die Deichbauarbeiter fordern, daß etwas »Lebiges« unter dem neuen Deich begraben werden müsse. Das in der Tat Eier häufig dieses »Lebendige« dargestellt haben, läßt sich aus der Fülle von Eierschalen ersehen, die man in den Grundmauern vieler Gebäude gefunden hat, und zwar sowohl im außer-europäischen als auch im europäischen Raum, und hier wiederum gerade in Deutschland.

Seelen-Ei

Außer als Lebenssymbol gilt das Ei bei manchen Völkern auch als *Sitz der Seele*, so daß man hier regelrecht vom *Seelen-Ei* sprechen kann. Das europäische Volksmärchen kennt zahlreiche Beispiele solcher Eier, die etwa Seele und Lebenskraft von Ungeheuern getrennt vom Körper irgendwo bergen. Oft befinden sich derartige Eier auch in den Körpern von Vögeln. Einen mythischen Beleg für die besondere Funktion des Eis als Sitz der Seele können wir von den *Giljaken* (Niwchen im Amur-Gebiet) anführen.

Diese glauben, daß alle Menschen große und kleine Seelen besitzen, und die kleinen Seelen, die ihren Sitz im Kopf der großen Seelen haben sollen, denken sich die Giljaken als Eier.

Für die enge Beziehung zwischen dem Zustand des Seelen-Eis und dem Schicksal des ihm zugeordneten menschlichen Wesens läßt sich eine Reihe von Beispielen aus dem Bereiche der magischen Praktiken vieler Völker anführen. Hier sei nur ein Beleg aus *Pommern* angeführt. Eine dort bekannte Methode, einen Dieb zu überführen, ist folgende: man wickele ein Ei in grüne Seide, gebe ihm den Namen des Schuldigen und lege es dann in die glühende Herdasche. Dieser Vorgang soll dem Dieb soviel Pein verschaffen, daß er, um sich davon zu befreien, das Diebesgut auf schnellstem Wege dem rechtmäßigen Besitzer wiedererstattet.

Heil- und Abwehrmittel

Damit wären wir bereits bei einer weiteren wesentlichen Funktion des Eis im Brauchtum vieler Völker angelangt. Seiner engen symbolischen Verknüpfung mit Leben schlechthin, mit der Lebenskraft und Seele wegen, kommt dem Ei eine wichtige Aufgabe bei vielen magischen Praktiken zu. In erster Linie sei es in diesem Zusammenhang als *Volksheilmittel* genannt. Freilich ist dabei im christlichen Kulturraum altes Gedankengut christlich überformt worden, wenn man etwa von der gesundheitsspendenden Kraft der *Antlass-Eier*, der an Karfreitag gelegten oder der in der Kirche am Ostersonntag geweihten Eier hört (s. dazu S. 36).

Jedoch ist die Vorstellung von der die Gesundheit fördernden Kraft des Eis – und hier ist nicht an das Ei als reales Stärkungsmittel gedacht – sicherlich älter als der christliche Glaube. Daß man etwa in *Mecklenburg* während Epidemien Eier auf dem Friedhof vergrub, um der Krankheit Herr zu werden, oder daß man – ebenfalls gemäß deutschem Volksglauben – einen Bettnässer von seinem Leiden befreien kann, indem man ein mit seinem Urin gefülltes Ei in einem Schornstein aufhängt, das hat ursächlich nichts mit Ostern zu tun. Im letzten Fall übernimmt das Ei die Funktion des Vehikels, in das man die krankhaften Stoffe füllen muß.

Wenn man es dann wegwirft, dann wirft man zugleich mit diesem Vehikel die ganze Krankheit weg.

Auch als *Abwehrzauber* dient das Ei im Volksglauben. So wird aus dem *Münsterland* berichtet, daß man einem Nachtmahr, um es endgültig zu vertreiben, ein Ei zu essen geben müsse. In diesem Zusammenhang gehört auch das Ei als Mittel gegen den *Bösen Blick*, als das es in *Tunis* bekannt ist. Aus *Osteuropa* hören wir, daß es heutzutage die Schalen der an Ostern verzehrten *roten* Eier sind, welchen man magische Abwehrkräfte zuschreibt. Wenn man diese über das Dach wirft, schützt man das Haus vor unheilvollen Geistern; in den Stall gelegt, vertreiben sie die Hexen, die dort angeblich Kuhmilch trinken wollen. Außerdem glaubt man in *Rumänien* und auch anderswo von roten Eiern, daß sie, im Feld vergraben, die Saat vor Hagel und Blitzschlag schützen können.

Fruchtbarkeitszauber

Für die hier freilich im Vordergrund des Interesses stehenden Überlegungen, die ja auf die Rolle des Eis im Osterbrauchtum abzielen, sind die letztgenannten magischen Bezüge des Eis weniger wichtig als die Rolle, die es im *Fruchtbarkeitskult* vieler Völker gespielt hat und noch spielt. Da man das Ei als Sitz einer ungeheuren *Lebenskraft* gesehen hat, ist es nicht verwunderlich, daß man ihm auch die Gabe zugeschrieben hat, Leben zu fördern und zu steigern, d. h. zur Vermehrung von Mensch und Vieh und zum Wachstum von Feldfrüchten beizutragen.

Hier wird nun auch der innere Zusammenhang zwischen dem Ei und dem Frühlingsfest sichtbar, von dem wir eingangs gesprochen haben. Denn im Frühjahr erwacht das Leben in der Natur, jetzt wird die Saat in die Erde gebracht, und jetzt bringen die meisten Tiere ihre Jungen zur Welt. Der *magischen Förderung dieses Wachstums* dient eine ganze Reihe von Riten, in denen das Ei eine Rolle spielt. Das Vergraben von Eierschalen oder ganzen Eiern auf dem Acker, das Ei, das der finnische Sämann in der Tasche trägt, wenn er die Saat ausstreut, oder das in Schottland auf den Boden des Korbes mit dem Saatgut gelegte Ei verdeutlichen diesen Symbolgehalt ebenso wie das Ei, das nach deutschem Volksglauben über dem Acker in die Luft geworfen werden mußte, damit das Korn so hoch wachsen solle, wie das Ei geflogen war.

Nicht nur dem Wachstum des Getreides dienen diese wie zahlreiche andere Eierbräuche, auch für das *Gedeihen des Viehs* sollen magische, mit dem Ei durchgeführte Praktiken wirksam sein. So kennen die *Serbokroaten* den Brauch, am Fastnachtssonntag abends ein Ei an einem Faden von der Stubendecke herabhängen zu lassen. Ein Spiel mit diesem Ei, das der Familienvater in kreisende Bewegung versetzt, soll das Vieh und das Geflügel auf dem Hof vermehren helfen. Ebenfalls der Förderung des Viehnachwuchses dienen nach deutschem Volksglauben in Ställen aufgehängte Eierschalen oder Eier, die man – in der *Altmark* und in *Westfalen* – dem Vieh auf den Weg wirft, wenn es im Frühling erstmals auf die Weide getrieben wird. In der *Slowakei* legt man ein Ei unter die Schwelle des Stalles, wenn man im Frühjahr das erste Mal – mit Ochsen – zum Pflügen fährt, und man bestreicht das Vieh mit einem Ei, um Unheil von ihm fernzuhalten.

Im Zusammenhang mit der fruchtbarkeitsfördernden Wirkung des Eis müssen wohl auch die *Wettkämpfe* gesehen werden, die im Volks-

17

Foto 2: Eierlaufen um 1670
(Kupferstich aus Georg Stengels Ova Paschalia, 1672)

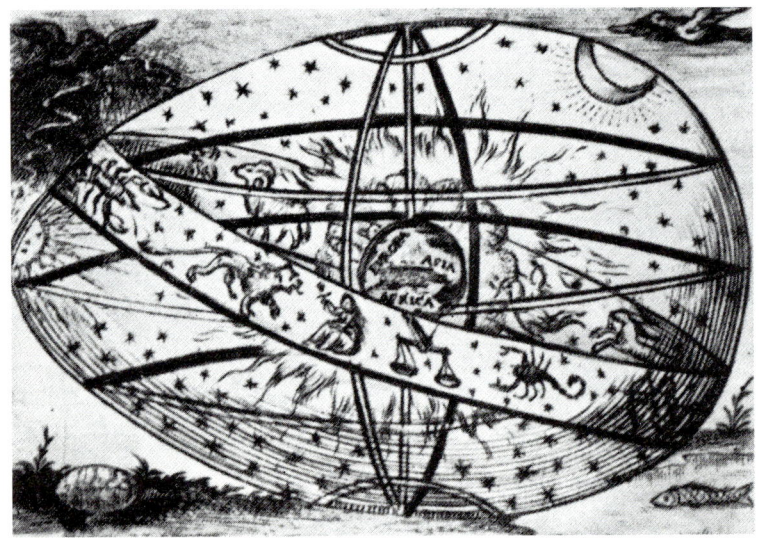

Foto 3: Weltei mit Tierkreis.
(Aus Georg Stengels Ova Paschalia, 1672)

18

brauchtum im Frühjahr – heute meistens an Ostern – vielfach ausgeübt werden bzw. worden sind. Wir wissen nämlich, daß kultische Wettläufe in anderen Teilen der Erde der Steigerung der allgemeinen Fruchtbarkeit gedient haben. So kann durchaus vermutet werden, daß auch den in Europa üblichen österlichen Eier-Wettspielen – und hierbei sind auch Wettläufe – ein solcher innerer Gedankenzusammenhang zwischen Wettkampf und Fruchtbarkeit zugrunde gelegen haben mag.

Liebeswerbung

Freilich beschränkte sich die fruchtbarkeitsfördernde Wirkung des Eis nicht auf Pflanzen und Tiere, auch der Mensch fühlte sich früher einmal davon betroffen. Allerdings kommt dem Ei hier weniger eine Bedeutung im Zusammenhang mit Schwangerschaft und Geburt zu als vielmehr im Hinblick auf die *Liebeswerbung*. So bilden sie oder ihre Schalen einen wichtigen Bestandteil bei Liebeszauber-Rezepten im islamischen Kulturbereich, bei den Römern und auch in Ungarn. In Mittel- und Osteuropa spielte speziell das Osterei eine wichtige Rolle als *Liebesgabe* zwischen unvermählten jungen Leuten. So wird auch aus *Mardorf in Hessen* die Sitte des »*Letterns*« noch bis kurz nach dem Zweiten Weltkrieg nachgewiesen.

Dabei mußte der junge Mann, der um die Liebe eines Mädchens warb, am zweiten Ostertag mit einem Fläschchen Schnaps am Fenster seiner Auserwählten erscheinen. War sie ihm gewogen, so unterhielt sie sich eine Weile mit ihm, um ihm danach zwölf hübsch verzierte, in ein Tuch gewickelte Eier zu überreichen, sofern sie seine Werbung akzeptierte. Lehnte sie ihn freilich ab, so blieb ihr Fenster verschlossen bzw. konnte es dem Werbenden geschehen, daß er ein faules Ei nachgeworfen bekam. Dieser Brauch ist besonders interessant, weil wir auch Berichte aus ganz anderen Kulturräumen aus ganz anderen Teilen der Erde besitzen, nach denen zum festen Bestandteil der Brautwerbung das Anbieten von bestimmten Speisen gehört, das dann zugleich den Heiratswunsch bzw. dessen Annahme oder Ablehnung ausdrücken konnte, ohne daß dabei irgendein Wort geäußert zu werden brauchte.

Wenn sich dieses hessische Lettern so auch an Ostern unter Verwendung der Ostereier vollzieht, wenn wir aus anderen europäischen Räumen hören, daß dort während des österlichen Kirchganges junge Mädchen auserwählten jungen Burschen Eier heimlich zustecken oder auch öffentlich überreichen, so können wir sicher sagen, daß diese Sitte ursächlich nichts mit dem christlichen Osterfest zu tun hat, sondern aus vorchristlichen Zeiten auf uns gekommen ist. Ein *sexueller Bezug* bei dieser österlichen Eiergabe scheint recht offen in einem aus *Norwegen* berichteten Brauch auf. Hier, in einem Land, in dem das Osterfest erst in jüngerer Zeit die Rolle spielt, die es schon seit langem in Mitteleuropa innehat, und wo bunte Ostereier erst vor relativ kurzem als Mode-Erscheinung aus Mitteleuropa übernommen worden sind, war es üblich, daß ein junges Mädchen beim österlichen Kirchgang ein Ei in seiner Kleidung, vornehmlich am Busen, verbarg. Der Mann seiner Wahl durfte das Ei, das bemalt, aber auch ungefärbt sein konnte, suchen und behalten. Diese Art des Eier-Versteckens und Suchens gehört sicherlich ebenso zu altüberkommenem Frühlingsbrauchtum wie eine andere Art des Eier-Suchens, die in *Estland* bekannt ist bzw. gewesen ist. Es sollen besonders *Liebespaare* sein bzw. gewesen sein, die im Frühjahr gemeinsam in Wiese und Wald aufbrachen, um dort *Wildeier* zu suchen und sich gegenseitig zum Geschenk zu machen.

Wildvogeleier

Hier rühren wir nun überhaupt, so meine ich, an die *Wurzeln* des österlichen Eier-Suchens. Denn während Hühnereier ja das ganze Jahr über zu haben sind, stellen die Wildvogeleier eine Speise dar, die den Menschen nur im *Frühjahr* zur Verfügung steht. In einer vorindustriellen Zeit, als man in seiner Ernährung noch ganz oder stark vom jahreszeitlichen Rhythmus der Natur abhängig war, müssen diese Eier für die Menschen von ganz besonderem Wert gewesen sein. Denn das Frühjahr, in dem die Wintervorräte zur Neige gehen und neue Früchte noch nicht herangereift sind, ist ja häufig eine besonders knappe Zeit gewesen. Hier bilden nun die wiederkehrenden *Zugvögel* nicht nur wie bei uns heute sinnbildlich die *Vorboten des Sommers*, sondern ihre Eier stellen ebenso wie die jetzt auch anfallenden Eier der ganzjährig in nördlichen Breiten verbliebenen Vögel eine nahrhafte und notwendige *Speise* dar. Wie wichtig für die Menschen in früheren Zeiten die Wildvogel-Eier waren, mag man an einem Zauber ermessen, der z. B. in *Estland* und in *Finnland* zur Gewährleistung eines reichen Wildvogelei-Ertrages ausgeführt wird bzw. wurde. Es heißt, daß man – heutzutage an Karfreitag, früher aber sicher an einem anderen Tag im Frühjahr – die im Volksmund Eier genannten

Hoden eines Stiers reiben und dabei folgenden Spruch aufsagen mußte:

>»Ich reibe die Eier des Stiers,
> so bekomme ich die Eier von Meerschwalben,
> so bekomme ich die Eier von Eisenten, Krickenten,
> die Eier von Eiderenten, die Eier von Sammetenten.«
> (Ränk, S. 140)

Zugleich sehen wir an diesem Beispiel, wie in das christliche Osterbrauchtum nicht nur Hühnereier, sondern auch die Wildvogeleier aufgenommen worden sind.

Osterfeuer

Unsere Ausführungen über die Symbolik des Eis haben wir deshalb an den Anfang unserer Betrachtungen über alte Osterbräuche gestellt, weil sich das Osterei als im Grunde nichtchristliches Element in unserer heutigen Zeit im christlichen Osterfest am stärksten hat behaupten können. Dabei wissen wir nicht einmal, ob es in einem germanischen Frühlingsfest eine Rolle gespielt hat. Bestandteile alter Frühjahrsfeste sind aber die Bräuche gewesen, mit denen wir uns im folgenden beschäftigen wollen und die auch noch in unserer Zeit in Mitteleuropa ausgeführt werden bzw. bis vor kurzem ausgeführt worden sind. Unter diesen sei in erster Linie das *Osterfeuer* genannt.

Die Sitte, an Ostern, und zwar am Abend des ersten Ostertages, des Ostersamstages oder auch am zweiten Ostertag, auf Bergen oder an Flüssen hohe Scheiterhaufen zu errichten und sie zu einem riesigen Feuer anzuzünden, hat sich bis in unser Jahrhundert in *Niedersachsen*, im nördlichen *Rheinland*, in den *Niederlanden*, in *Hamburg* und im *Alten Land, Schleswig-Holstein* und bis nach *Dänemark* erhalten. Weiter östlich der Elbe ist das Osterfeuer nur stellenweise bekannt, z. B. bei den *Sorben*. Aus Süddeutschland kennen wir keine Belege. Dagegen gibt es Berichte über Osterfeuer aus dem österreichischen Alpengebiet. In Hamburg erfreuen sich die großen Osterfeuer von Blankenese wachsender Beliebtheit.

Das Abbrennen dieser österlichen Scheiterhaufen wird als ein Brauch geschildert, an dem sich das ganze Dorf beteiligt und durch den Ostern, anders als etwa das Weihnachtsfest, zu einer echten *Gemeinschaftsfeier* wird, wie es auch das germanische Frühlingsfest gewesen ist. Wenn wir hören, daß es noch hier und da in unserem Jahrhundert den Frauen und Mädchen verboten war, an dem Abbrennen des Osterfeuers teilzunehmen, so klingt auch das wie ein Relikt aus einer alten Zeit, da den Frauen die Teilnahme an bestimmten religiösen Kulten der Männer nicht erlaubt gewesen ist. Zumeist freilich haben sich Frauen und Mädchen ebenso wie Männer und Jungen am Anzünden des großen Scheiterhaufens, an seinem Niederbrennen und auch an Sprüngen über das Feuer beteiligt.

Wie das Feuer selbst wurzelt in alten Glaubensvorstellungen auch das *Zusammentragen des Holzes* dafür, zu dem die ganze Dorfjugend ausschwärmte. Man konnte dieses Holz im Wald sammeln, man konnte es erbetteln – hier gab es ein Heischerecht –, als glückbringend galt es freilich, das Holz zu stehlen. Wurde man dabei erwischt, so konnte man nicht bestraft werden; denn ein gewohnheitsmäßiges Stehlrecht für Osterfeuerholz verbot es, die »Diebe« des für diesen speziellen Zweck gestohlenen Holzes zu belangen.

Den gemeinsam aufgeschichteten Scheiterhaufen konnte man mit alten Bienenkörben oder Benzintonnen krönen, um ein besonders starkes Lohen der Flammen zu gewährleisten. Mit der Symbolkraft des Feuers hängt es demgegenüber zusammen, wenn man dem Holzstoß gelegentlich eine kleine, mit bunten Bändern und ausgeblasenen Ostereiern geschmückte *Tanne* aufgesetzt hat – *Sinnbild des Lebens wie das Feuer selbst.* Denn die in den Osternächten weithin ins Land leuchtenden *Feuer* wurden *als Abbilder der Sonne* verstanden, die von nun, der Zeit der Tag- und Nachtgleiche an, wieder länger scheinen und Licht, Wärme und Leben bringen wird. Daß die höhersteigende Sonne mit ihrer Leuchtkraft und Wärme die Kälte des Winters vertreibt und die Natur zu neuem Leben anregt, sollte dieses Feuer den Menschen eindringlich vor Augen führen. Wie stark man das Anzünden des Osterfeuers als das *Sinnbild einer Erneuerung* verstand, läßt sich an dem aus manchen Gegenden überlieferten Brauch ersehen, nach dem man an Ostern das *Feuer im Herd* auslöschte und es mit einer an dem großen Osterscheiterhaufen entzündeten Fackel wieder frisch in Brand setzte. *Gelöschtes Herdfeuer symbolisiert den Tod, die neu angefachten Flammen Leben.* Außerdem schrieb man dem Feuer als Abbild der Sonne starke *Abwehrkräfte* zu: Es sollte alles Schädliche von der menschlichen Gemeinschaft, von Haus, Hof und Land fernhalten. Ein so tiefer Symbolgehalt wie der, welcher dem Feuer zugeschrieben wird, findet seinen Ausdruck oft auf vielerlei Weise. Unter diesem Aspekt ist ein anderer Brauch zu sehen, der beim Anzünden des Osterfeuers in manchen Regionen Deutschlands und der

Foto 4: Tiroler Osterfeuer (nach einer Originalzeichnung von Oscar Gräf, aus der »Gartenlaube«, 1910)

Niederlande ausgeübt wird: Das Verbrennen des *Ostermannes*, der *Todpuppe* oder des *Judas*. Mit diesen regional unterschiedlich verwendeten Namen bezeichnet man eine Strohpuppe, die den Winter und mit ihm den Tod darstellen soll. In germanischer Zeit mag mit dieser Puppe der Reiffriese als die Verkörperung von Winter und Tod gemeint gewesen sein; in christlicher Zeit ist Judas daraus geworden, den man im Osterfeuer zu verbrennen meinte.

Ebenfalls in germanische Zeiten zurück reicht eine Sitte aus dem *Eichsfeld*, gemäß der man einen *Pferdeschädel* in die Flammen des Osterfeuers warf. Wie diesen Pferdeschädel, so hat man auch das *Eichhörnchen*, das nach Harzer Sitte noch im 19. Jahrhundert im Osterfeuer verbrannt werden mußte, als die sinnentleerte Form eines Opfers an den germanischen *Thor* gedeutet. Dem Thor sollen anläßlich der alten Frühlingsfeste Ziegenböcke, dem germanischen Donnergott heilige Tiere, in den Flammen geopfert worden sein. Einer anderen Auslegung zufolge soll das Eichhörnchen, das als Personifizierung des Thor galt, den Holzstoß entzünden helfen, so wie Thor mit seinem Blitz Brände entfachen konnte.

Da das *Osterfeuer wie das Ei als Sinnbild des Lebens* gesehen wurde, verbanden sich mit ihm auch manche magische Handlungen, durch welche man die Leben und auch Fruchtbarkeit spendende Kraft des Feuers, aber auch seine Abwehrkräfte zu nutzen hoffte.

Reste des verbrannten Holzes, die mit nach Hause genommen wurden, *schützten*, meinte man, das Haus *vor Blitzschlag* – auch hier eine Verbindung zu Thor – und anderen Gefahren. Die Felder würden fruchtbar sein, wenn man mit brennenden, dem Osterfeuer entnommenen Scheiten über sie dahinliefe. Überhaupt bedeuteten lodernde, am Osterfeuer entzündete Fackeln *Glück*, und demjenigen, der in einem Jahr besonders viele Osterfeuer sah, sollte ein gutes Jahr beschieden sein. Auch für Häuser und Felder bedeutete allein der Schein dieses Frühjahrsfeuers Glück. Man sagte, daß alle Häuser, die noch vom Feuerschein erfaßt würden, vor Brand und die Bewohner dieser Häuser vor Krankheiten geschützt sein würden. *Glück* bedeutete auch der Sprung über das Feuer, und je höher dieser Sprung, umso höher würde auch im Sommer der Flachs wachsen. Stürzte freilich jemand bei dem Sprung über den Brand, so sah man darin ein böses Omen: Der Gestürzte sollte noch in demselben Jahr sterben. Als *segensreich* galt demgegenüber wiederum die *Asche des Osterfeuers*. Wenn Kinder sich damit die Gesichter schwärzten, so blieben sie, meinte man, das ganze Jahr vor Krankheiten verschont. Die Bauern

vergruben die Asche in ihren Feldern, um eine reiche Ernte zu gewährleisten und das Korn vor Blitz und Hagelschlag zu schützen.

Eine besondere Form des Osterfeuers stellen die *Osterräder* dar,
die vor allem aus *Lüdge bei Bad Pyrmont* bekannt sind. Man pflegt
hier etwa zwei Meter hohe, vierspeichige, verzierte Holzräder, die mit
Stroh umwickelt sind, anzuzünden und ins Tal hinunterrollen zu lassen. Diese Räder hat man als *Sonnenräder* gedeutet. Auch sie dienen
einem mehrfachen Zweck. Sie sollen nicht nur die wiederkehrende
Sonne symbolisieren, sondern auch die Fruchtbarkeit der Felder,
über die sie hinwegrollen, mehren.

Osterwasser

Ein anderes Sinnbild des Lebens, das im Frühjahrs- und mithin im
Oster-Brauchtum eine Rolle spielt, ist das *Osterwasser. Wie das Ei
und das Feuer symbolisiert es außer Leben auch Fruchtbarkeit.* Mag
ursprünglich einmal bei der lebenspendenden Kraft des Wassers an
die Pflanzen gedacht worden sein, so bezieht der Volksglaube die
Wirkung des Osterwassers in erster Linie auf die Menschen, besonders auf junge Mädchen. Man kann sich, wenn man Berichte über die
Anwendungsbreite des Osterwassers liest, nicht des Eindrucks er-
wehren, daß hier sehr stark *Werbungs- und Liebesbrauchtum* mit-
schwingt, obwohl Liebeswerben und Liebeszauber nicht eigentlich als
Sinn des Osterwassers-Holens oder Versprengens genannt werden.

Als Osterwasser bezeichnet man das Wasser aus Quellen, Bächen
oder strömenden Flüssen, nie aus stehenden Gewässern, das *junge
Mädchen* in der Nacht zum Ostersonntag oder auch ganz früh mor-
gens am Ostersonntag *schweigend* gegen den Strom schöpfen mußten.
Das Schweigegebot durften sie nur brechen, um beim Schöpfen einen
Spruch zu murmeln, der etwa – christianisiert – lauten konnte: »Das
Wasser ist Christi Blut, ist für allen Schaden gut.« Keineswegs durften
sie aber auf dem Heimweg, wenn sie den Krug mit Osterwasser in den
Händen trugen, sprechen. Hätten sie das getan, wäre der Bann gebro-
chen gewesen, die segensreiche Wirkung des Osterwassers dahin.
Aus diesem Grunde hatten es sich, so wird berichtet, die jungen Bur-
schen oft zum Ziel gesetzt, die mit dem Osterwasser heimkehrenden
Mädchen zu necken oder zu erschrecken, um sie so zum Sprechen zu
bringen. Es wird im übrigen nirgends in den uns zur Verfügung stehenden Berichten über Osterwasser-Bräuche ausdrücklich erwähnt,

*Foto 5: Osterwasser – schweigend geschöpft
(nach einem Gemälde von R. Epp, Nachlaß G. Buschan)*

daß der Personenkreis, der dieses Wasser schöpfen durfte, auf junge Mädchen beschränkt ist. Aber die Verbindung von dem wohl als rein geltenden Osterwasser und jungen Mädchen oder Jungfrauen scheint als besonders segensreich gegolten zu haben.

Das *Waschen oder Sich-Benetzen mit Osterwasser* sollte *gesundheitsfördernd* sein und in erster Linie Hautkrankheiten, Sommersprossen und Warzen verschwinden lassen. Es sollte also die *Schönheit* junger Mädchen fördern. Aus *Schwaben* wird berichtet, daß man das Osterwasser für besonders gut gegen Fieber hielt, wie es auch »gegen 77 Fieber« schützen sollte, wenn man am Ostermorgen kurz vor Sonnenaufgang nackt unter blauem Himmel einen bestimmten Spruch aufsagte. Aus anderen Gegenden, z. B. aus *Böhmen*, hören wir, daß dort ein Bad am frühen Morgen in fließendem Osterwasser nötig war, um die gesundheitsfördernde Wirkung des Wassers zu sichern. In wieder anderen Regionen galt weniger ein fließendes Gewässer als vielmehr der *Ostertau*, d. h. der Tau, der am Ostersonntag in der Frühe gefallen war, als segensreich, und man wälzte sich darin. Mancherorts konnte auch der *österliche Regen oder Schnee* den die Krankheit vertreibenden Zweck erfüllen.

Das nach Hause getragene Osterwasser blieb, glaubte man, das ganze Jahr über wirkungsvoll. Man verwendete es gegen Ungeziefer, Schimmelpilze und Würmer in Küche und Speisekammer, versprengte es im Garten und rieb es an die Obstbäume. Auch für das Vieh galt es als segensreich. Man spritzte damit über Kühe und Pferde und bestrich mit ihm die Bienenkörbe, um reichlich Honig zu gewährleisten. Bisweilen trieb man auch das Vieh am Ostermorgen vor Sonnenaufgang in einen Fluß, um es der segensreichen Wirkung des Osterwassers teilhaftig werden zu lassen.

Wenn oben von einem Zusammenhang zwischen Osterwasser und der Brautwerbung die Rede war, der wahrscheinlich früher sehr viel stärker ausgeprägt war und heute nur noch bruchstückhaft faßbar ist, so war dabei besonders an folgende Sitten gedacht.

Aus *Ostpreußen* wird berichtet, daß man dort am Ostermorgen alle Leute, denen man Glück wünschen wollte, mit kaltem Wasser bespritzen durfte. Hiervon haben besonders junge Menschen und in erster Linie die jungen Männer Gebrauch gemacht, die die von ihnen umworbenen Mädchen naßzuspritzen pflegen. Das konnte soweit führen, daß Familien mit jungen Mädchen aus Angst vor dem Durchnäßtwerden ihre Häuser am Ostermorgen verriegelten. Häufig soll das freilich nicht geholfen haben. Es wird erzählt, daß sich Außenstehende bisweilen schon am Vorabend heimlich in dieses Haus geschlichen haben, um den Wassersegen am nächsten Morgen gleich eimerweise – und wenn möglich in die Betten – auszuschütten.

Einen ähnlichen Brauch gibt es heute noch in *Ungarn*, wo junge Burschen die festlich geschmückten Mädchen am Ostermorgen mit Wasser – heute nimmt man anstelle des früher üblich gewesenen Brunnenwassers allerdings gern Kölnisch Wasser – begießen. Dem, was sich hier in jüngerer Zeit als Necken zwischen jungen Menschen vollzieht bzw. vollzogen hat, lag früher einmal ein *Fruchtbarkeitsritus* – bezogen auf die Fruchtbarkeit des jungen Mädchens oder Paares – zugrunde.

In engem Zusammenhang mit dem Brauch des Osterwasserschöpfens steht eine Sitte, die in jüngster Zeit in Süddeutschland immer mehr an Beliebtheit gewinnt. Wir denken hier an das *Bekränzen von Quellen und Brunnen*, das z. B. in *Ebermannstadt in der Fränkischen Schweiz* an Ostern eine große Zahl von Touristen anlockt. Die Brunnen dieses Ortes werden zu Ostern mit Fichtenbäumchen, ausgeblasenen Eiern und bunten Bändern geschmückt. Was freilich heute eher wie eine Touristenattraktion wirkt und vielleicht auch so gedacht ist, muß als Rest eines alten *Wasserkultes* gesehen werden, der dem Wasser als Spender von Leben und Fruchtbarkeit gegolten hat.

Schmackostern

Noch ein anderer vorchristlicher Brauch hat sich – zumindest bis zum zweiten Weltkrieg – in Teilen von *Mittel- und Ostdeutschland* und einigen Regionen von *Osteuropa* und der *Alpenländer* – erhalten, das *Schmackostern*. Auch dieses, dessen wichtigste Handlung das *Schlagen mit einer Rute oder Peitsche* ist, besitzt einen engen Sinnzusammenhang mit der im Frühling neu aufsprießenden *Lebenskraft*, mit *Fruchtbarkeit* und *Liebe* zwischen jungen Menschen.

Man leitet den Namen *Schmackostern* von dem polnischen Verb »smigac, smagac« (= peitschen) oder auch von dem niederdeutschen »smacken« (= schlagen) ab. Andere Bezeichnungen für das Schmackostern sind z. B. noch *Osterstiepen* oder *Peitschen, Pietschen, Futteln, Fuen*. Geschlagen wurde mit der auch Schmackoster genannten *Rute*, die entweder aus Hasel-, Birken- oder Weidenzweigen, aus einer *Peitsche* mit Lederriemen oder aus Süßholz bestand. Gelegentlich durchflocht man ein Bündel Weidenruten auch mit bunten Papierschnitzeln. Die Zweige für die Rute wurden schon am Gründonnerstag geschnitten und dann in warmes Wasser gestellt, damit bis zum Ostertag die Blattknospen aufbrechen und junges Grün hervorbringen konnten.

Am ersten oder – in *Ostpreußen* – am zweiten Ostertag bewaffneten sich sowohl junge Männer als auch Kinder mit den Ruten und brachen auf, um diejenigen damit zu schlagen, von denen sie sich ein Ostergeschenk erhofften. Die »Opfer« der Kinder waren dabei in erster Linie Verwandte und Bekannte. Sie schlichen sich zu ihnen, bearbeiteten sie mit der Rute und riefen Verse wie:

> »Schmackoster, Schmackoster,
> gib Eier, gib Speck,
> Stück Floade, Glas Bramwin,
> denn go eck glik weg!«

Daraufhin erhielten sie bunte Ostereier und Süßigkeiten. Die jungen Männer zielten es demgegenüber darauf ab, junge Mädchen zu schlagen. In diesem in jüngerer Zeit als Spaß vollzogenen Brauch steckt, wie schon oben angedeutet, ein tiefer Sinn. Die Rute ist nämlich als *Lebensrute* zu verstehen, und als solche hat sie eine enge gedankliche Verbindung z. B. mit dem *Lebensbaum*, der in unserem Brauchtum immer wieder auch heute noch eine Rolle spielt, z. B. als *Wintermaien*, als *Maibaum*, als *Ernte-Maien*. Im christlichen Osterbrauchtum hat dieser lebenspendende Zweig die Form des *Palmen* angenommen, von dem an anderer Stelle (s. S. 34) die Rede sein wird. Das Schlagen mit der Rute soll die *Lebenskraft*, die man in den frühlingshaften Zweigen verborgen glaubt, auf den Geschlagenen übertragen. Wichtig scheinen dabei die jungen Blätter an den Zweigen, denn wenn nach dem Peitschen möglichst viele Blättchen auf der Erde lagen, so sah man das als besonders glückbringend an. Je mehr Blättchen abgefallen waren, desto kräftiger war geschlagen worden und desto stärker vermutete man auch die Lebenskraft, die der Geschlagene aufgenommen hatte. Wenn junge Männer Mädchen peitschten, so meinte man damit allerdings weniger Lebenskraft zu übertragen als vielmehr die *Fruchtbarkeit* des Mädchens zu steigern.

Besonders sinnfällig wird der innere Zusammenhang dieses Brauches mit der Fruchtbarkeit in einer aus dem *Eichsfeld* bekannten ähnlichen Handlung. Dort wurden nur Männer geschlagen, und zwar diejenigen, die im Ablauf des letzten Jahres geheiratet hatten. Man trieb diese Männer unter Schlägen aus dem Haus und jagte sie in den Wald. Dort mußten sie junge Knospen brechen und diese wieder mit ins Dorf oder in die Stadt zurückbringen.

Weiteres nicht-christliches Osterbrauchtum

Weit in die germanische Zeit zurück reicht das *Osterreiten*, das in manchen Regionen heute als eine christliche Osterprozession durch den ganzen Ort durchgeführt wird. In anderen Gegenden umreiten die Bauern zu Ostern nur ihre Felder. Aus dem *Eisacktal* wird berichtet, daß dort junge Männer auf geschmückten Pferden unter lautem Geschrei quer über die Felder ritten, um sich hinterher ihre Ostereiergabe von den jungen Mädchen überreichen zu lassen. Das *Kornfeldbeten* wird aus *Bayern* überliefert. Dabei zog die ganze Familie über die Felder, um sie mit Wasser zu besprengen und Scheite mit einem Brand vom Osterfeuer über sie hinwegzutragen. Zugrunde liegt allem diesem Brauchtum das vorchristliche *Flurumgehen* zur Erweckung der noch im Winterschlaf erstarrten Natur.

An einen germanischen *Licht- und Sonnenkult* erinnern Handlungen, wie sie uns aus Pommern, aus dem Schwarzwald und aus den USA – aus dem Schwarzwald nach hier übertragen – berichtet werden. In *Pommern* pflegte man am Ostermorgen vor Sonnenaufgang auf Berge oder Hügel zu steigen und von dort aus die aufgehende *Ostersonne* mit Schüssen zu begrüßen. Ein heute zwar christlicher, aber im Vorchristlichen wurzelnder Brauch ist der morgendliche *Sonnenaufgangsgottesdienst* der *Herrnhuter Brudergemeinde aus Königsfeld* im Schwarzwald. Als ›Easter Sunrise Service‹ erfreut sich dieser Gottesdienst im Staate Pennsylvania großer Beliebtheit. Dort warten am Ostermorgen Tausende von Menschen auf einem Acker, um bei den Strahlen der aufgehenden Sonne in den gemeinsamen Ruf »Christ ist erstanden!« auszubrechen.

Schon in einem anderen Zusammenhang wurde darauf hingewiesen, daß das *Wettlaufen*, wenn es in Form besonderer Spiele an Ostern durchgeführt wird, mit in die Reihe der Fruchtbarkeitsbräuche gehört. Diese Wettspiele sind nicht immer Eierspiele gewesen. Aus dem 16. Jahrhundert wird berichtet, daß damals an Ostern Wettläufe zwischen jungen Männern und jungen Mädchen stattgefunden haben, bei denen als Preis ein besonderes Ostergebäck ausgesetzt war. Weitere Einzelheiten sind uns über diese Wettspiele nicht bekannt geworden. Sie sind wie vieles andere an alten, mit dem Frühlingsfest verbundenen Sitten für immer im Dunkel der Geschichte versunken.

Christlicher Osterkult und -brauch

Vom Frühlings- zum Osterfest

Eine außergewöhnliche Leistung des Christentums liegt zweifellos in der schrittweisen *Überformung* und *Veränderung der vorchristlichen Anschauungen und Bräuche.* Behutsame Christianisierung bedeutete: Anknüpfen an die vorgefundene Weltanschauung – das Füllen »neuen Weins in alte Schläuche«. Auf diese Weise konnte das Christentum tiefer verwurzeln als mit einem andernorts auch gepflegten Vorgehen mit Kreuz und Schwert (Beispiel Bonifatius: Fällen der Donar-Eiche mit entsprechendem Widerstand). *Im Bereich des Osterbrauchtums gehen die vorchristlichen Bräuche scheinbar nahtlos über in die christlichen.* Darin liegt gleichzeitig eine Erklärung für das Überleben so vieler »heidnisch« anmutender Bräuche wie etwa der Feuer- und Wasserweihe in der Osternacht.

Die *Herkunft unseres Begriffs »Ostern«* ist nicht ganz gesichert. Vermutlich spielt der Name einer germanischen Frühlingsgöttin »*Eostrae*« (Eastre) eine Rolle, die mit der indogermanischen »*Aurora*« (altindisch »usrá«, griech. »eós«) in Verbindung gebracht wird, der Göttin der Morgenröte und des Ostens. Andere meinen, die »albae paschales« des fränkischen Kirchenlateins, d. h. die Frühgottesdienste für die Neugetauften in ihren weißen Taufkleidern, hätten auf Umwegen zur Wortbildung »Ostern« beigetragen. Unter »albae« (latein. albus = weiß) verstand man nämlich »Morgenröte« oder ins Germanische übersetzt *austro* (Mehrzahl: ostarum). Jedenfalls werden davon das althochdeutsche *»ostarun«*, das angelsächsische »*eastron*« und das englische »*easter*« (= Ostern) abgeleitet. Seit dem 8. Jahrhundert ist für den Monat April die Bezeichnung *»ostarmanoth«* (Ostermonat) durch Einhard, den Biographen Karls des Großen, belegt (A. Becker, 1937).

Westlich des Rheins und südlich der Donau überwog die Bezeichnung *»Pasch«* für Ostern in Anlehnung an das hebräische *»Passah«*-*Frühlingsfest* (vgl. niederländisch »paschen«, franz. pâques, span. pascuas, italien. pasqua).

Das jüdische Passah-Fest wurde zur Erinnerung an den Auszug der Kinder Israels aus Ägypten am Abend des 14. Nissan, d. h. des ersten Frühjahrvollmonds gefeiert und dabei ein Lamm geschlachtet (vgl. Osterlamm, s. S. 41).

Das persische Neujahrsfest *Noruz* oder *Naurouz* (now = neu, rouz = Tag) wird heute noch nach alter zoroastrischer (vorislamischer) Überlieferung zur Zeit des Eintritts der Sonne in das Sternbild des Widders am 21. März gefeiert. Die Vorbereitungen für dieses 13 Tage dauernde Fest beginnen bereits etwa zwei Wochen vor dem großen Ereignis, indem man Weizen-, Gersten- oder Linsenkörner in Wasser auf einem Teller zum Keimen bringt. Dieser Teller mit dem frisch sprießenden Grün *Sebzé* spielt am Neujahrstag zusammen mit anderen Attributen eine wichtige Rolle. Außerdem sind die Hausfrauen in Teheran damit beschäftigt, das Haus gründlich zu reinigen und für alle Familienmitglieder neue Kleider schneidern zu lassen. Verkleidete Männer mit geschwärzten Gesichtern tanzen an den Straßenkreuzungen zu rhythmischen Klängen und werden dafür von den Passanten mit Münzen belohnt. Am letzten Mittwoch vor dem Fest werden im Innenhof der Häuser bei Anbruch der Dunkelheit reihenweise mehrere kleine Feuer entzündet. Alle Bewohner springen dann darüber mit dem Ruf: »Meine Blässe für dich, deine Röte für mich!« Unseren Osterfeuern vergleichbar wollte man die Krankheiten des Winters dem verzehrenden Feuer übergeben und seine belebende Wärme und gesunde Färbung übernehmen.

Früher war es in vielen Familien üblich, am letzten Tag des alten Jahres das gesamte alte Tongeschirr des Vorjahres zu zerschlagen und durch neue Töpferwaren zu ersetzen (vgl. unseren »Polterabend« vor einer Hochzeit).

Am 21. März selbst werden die zur Zeremonie *Haft-Sin* (sieben ›S‹) gehörigen Gegenstände, die alle den Anfangsbuchstaben ›S‹ besitzen, auf einem Tuch ausgebreitet: Äpfel *(Sib)*, Knoblauch *(Sir)*, Früchte der indischen Brustbeere *Sendsched* (bot. Ziziphus jujube), *Sommak* (pulverisierter Fruchtstand des Essigstrauches), Koriander-Körner *(Siyah-Dane)*, frische Küchenkräuter *(Sabzi)* und der oben genannte Teller mit dem frisch sprießenden Grün *Sebzé* (vgl. Henri Massé: Croyances et Coutumes Persanes. Paris 1938, Bd. 1, S. 157). Heute kommen noch eine süße Mehlsuppe *(Samanou)*, Weinessig *(Serke)* in einer besonders schönen Flasche und Weihrauch hinzu.

Ein Glas mit Goldfischen und vorwiegend rot gefärbte Eier – beides Symbole des Lebens – dürfen nicht fehlen. Frisch geprägte Münzen *(Sekke)* hält man in der Hand. Bei Eintritt des neuen Jahres werden die Eier zum Verzehr angeboten, neben Naschwerk, Früchten und Fisch. Im 19. Jahrhundert war es noch üblich, daß eine Mutter so viele Eier aß, wie sie Kinder hatte.

Diese von Monika Dahncke zusammengestellten Informationen zum persischen Neujahrsfest erinnern in einem interessanten Detail an eine Besucherinformation aus dem Egerland (Böhmen). Auf einem Teller wurde vor Ostern Hafer zum Keimen gebracht, farbige Eier wurden herumgelegt und – in diesem Fall – ein Hase auf das frische Grün gesetzt (vgl. S. 93).

Das Christentum konnte sich über die alten Neujahrs- und Fruchtbarkeitsbräuche nicht hinwegsetzen.

Im Konzil von Nicäa (325) wird der *erste Sonntag nach dem ersten Vollmond des Frühjahrs* (Beginn am 21.3.) als Ostertermin festgesetzt. Am 21. März haben Tag und Nacht die gleiche Länge (Tag- und Nachtgleiche). Von diesem Zeitpunkt an beginnt die Sonne höher zu steigen und gewinnt damit an Kraft – ein Ereignis, das von ihren Verehrern mit vielen Bräuchen (Osterfeuer, Scheibenschlagen, Winteraustreiben, Osterschießen, Osterritt, Tänzen usw.) gefeiert und zugleich magisch bestärkt wurde.

Das Wiedererwachen der Natur zu neuem Leben, *der Sieg der Sonne* über die Kälte und Nacht wird christlich überhöht zum *Sieg Christi* über den Tod – die Auferstehung Christi zum kosmischen Ereignis. *Wichtigstes Sinnbild der Auferstehung wird das Osterei.*

Die nun folgenden Stationen des Osterbrauchtums reihen sich in bemerkenswerter Weise ein in die weltweit verbreiteten *Übergangsriten* (›rites de passage‹), die alle wichtigen Ereignisse des Lebens und Jahreslaufs begleiten.

Fastenzeit

Jeder bedeutenden Zeremonie geht eine lange *Vorbereitungszeit* voraus: die vierwöchige Adventszeit dem Weihnachtsfest, dem *Osterfest die 40tägige Fastenzeit* zur Erinnerung an das 40tägige Fasten Jesu in der Wüste, zur persönlichen Einkehr und Buße. Als Fastenspeisen sind für eine einmalige Mahlzeit am Tag trockenes Brot, Früchte, Kräuter, Fisch und ohne Öl zubereitete Speisen erlaubt, Fleisch, Eier und Milchprodukte dagegen verboten.

Eine gewisse Unterbrechung der entbehrungsreichen, festlosen Zeit bieten lediglich der *4. Fastensonntag »Lätare«* (Mitt-Fasten) und der *Palmsonntag*. Am Sonntag »Lätare« (benannt nach dem Eingangsgesang »Freue dich, (Jerusalem)« feiert man in der Pfalz bereits ein Frühlingsfest mit dem Austreiben des Winters, dem Sommereinbringen, Sommersingen, Kinderumzügen mit Eiergeschmückten Stecken oder mit Ruten (»Lebensruten«). Berühmt und seit dem 16. Jahrhundert belegt ist der »Heidelberger Sommertag« (vgl. Foto 1). Ein ähnlicher Brauch ist auch aus Schlesien bekannt.

Winteraustreiben, Todaustragen, Verbrennen oder *Ertränken einer Puppe* (Symbol des Winters, des Todes oder des Judas) ist weit verbreitetes Brauchtum am Sonntag »Lätare« oder am Palmsonntag in ganz Europa.

Palmsonntag

Mit dem Palmsonntag wird die *Passionszeit* (= Leidenszeit Christi) oder die *Karwoche* eingeleitet (von althochdeutsch »Kara« = Wehklage, Trauer). Der triumphale Einzug Jesu auf einem Esel in Jerusalem ist jedoch zunächst ein Grund zur Freude, Anlaß zur feierlichen *Palmprozession* (s. Foto 6). Anstelle von Palmzweigen werden in unseren Breiten vor allem Buchsbaumsträuße, Sal- oder Palmweiden (Kätzchen), Stechpalme (Ilex), Haselzweige, Lebensbaum (Thuja) oder Wacholder mitgeführt und im Gottesdienst gesegnet. Bis zur Zeit der Aufklärung im 17. Jahrhundert zog man an vielen Orten eine hölzerne Christusfigur auf einem Esel durch das Dorf. Manchmal ritt auch ein Priester auf einem Esel oder Pferd »an Christi statt« mit.

In Saulgau (Baden, Schwäbische Alb) werden die »Palmen« kunstvoll mit bunten Eierketten, Äpfeln und Brezeln geschmückt, in anderen Gebieten mit Seiden- und Metallapplikationen. In *Spanien* (Elche, Provinz Murcia und in Katalonien), in *Süditalien* und in *Israel* werden dagegen echte Palmzweige verwendet (vgl. Titelfoto). Zum Teil haben die Frauen aus weißen Zweigen, die während des Wachstums abgebunden wurden, kunstvolle Gebilde geflochten. *Geweihte Palmbüsche* sollen gegen alles Böse (Amulettfunktion) schützen und werden deshalb in Wohnung, Stall und Scheune sowie hinter das Kreuz des »Herrgottwinkels« angesteckt. Auch die sicherlich vorchristlichen Vorstellungen von *Lebenskraft-Übertragung, »Lebensrute«* und wohlriechenden Räuchermitteln verbinden sich mit den geweihten Palmen.

*Foto 6: Palmsonntagsprozession mit Palmesel in Süddeutschland
(aus dem Nachlaß G. Buschan)*

*Foto 7: Palmsonntag in Süddeutschland (um 1910): Kinder mit Palmstecken
(aus dem Nachlaß G. Buschan)*

Gründonnerstag

Gedanken an das *erste Grün*, an grünes Gemüse (Grünkohl, Spinat, Neun- oder Siebenkräuter) und Frühling sind naheliegend bei Betrachtung des Gründonnerstag. Doch auch die Ableitung von mittelhochdeutsch *»grunen«* (greinen, jammern) ist für diesen Tag denkbar.

Der *»Heilige und Große Donnerstag«* (Orthodoxe Kirche) ist der Tag der Einsetzung des hl. Abendmahls, der Fußwaschung der Jünger Christi verbunden mit dem Auftrag (mandatum): »Liebet einander! Wie ich euch geliebt habe, so sollt ihr einander lieben« (von ›mandatum‹ abgeleitet engl. Maundy Thursday), der Tag des Verrates Jesu durch Judas, seine Verlassenheit im Garten Gethsemane und seine Gefangennahme am Ölberg.

Dieser Donnerstag war zuvor vermutlich als höchster Feiertag der Germanen dem Wetter- und Gewittergott *Donar (Thor)* geweiht gewesen. Nächtliche Umzüge mit Klappern, Ratschen, Hämmern und anderem Getöse (»Rumpelmetten« mit »Höllenlärm«) erinnern möglicherweise daran.

Das Christentum hat die *Klapper- und Ratschenjungen* für sich vereinnahmt. Sie treten in Aktion nach der Gründonnerstags-Messe, weil an diesem Tag die *Kirchenglocken* nach rheinischer und niederländisch-belgischer Anschauung nach Rom fliegen (s. Foto 8). Erst in der Osternacht sollen sie frisch gereinigt und geölt (z. T. auch mit Geschenken, darunter Ostereiern) wieder zurückkommen. In dieser Zeit »klappert« die Dorfjugend die Gläubigen zum Gottesdienst, möglicherweise *Nachklänge* an vorchristlichen Lärm- und Abwehrzauber in dieser extremen »Krisenzeit« des Christentums.

In der *Ukraine* werden an diesem Tage *Eier rot* gefärbt – zur Verehrung der abgeschiedenen Seelen. Besondere Kraft wird in Süddeutschland *den am Gründonnerstag gelegten Eiern* zugeschrieben, den sog. *Antlaßeiern* (mhd. antlz = Entlassung, Erlaß).

Der Name geht auf die jungen Täuflinge zurück, die sog. *»Grünen«*, die am Gründonnerstag (dies viridium = Tag der »Grünen«) neben den Büßern aus der Kirchenbuße »entlassen« wurden (daher auch die süddeutsche Bezeichnung »Antlaßtag«). Das *»Antlaßei«* soll, möglichst mit der Schale gegessen, vor Schäden aller Art während des ganzen Jahres schützen.

*Foto 8: Ein »Ratschenjunge« ruft die Gläubigen zum Gottesdienst
– Glockenersatz bis Ostersonntag – (aus dem Nachlaß G. Buschan)*

*Foto 9: Segnung der Osterspeisen in Ruthenien
(West-Ukraine, wahrscheinlich West-Podolien)*

Karfreitag

Karfreitag, der »Große und Heilige Freitag« der Ostkirche, ist der Tag der Verhöre, Geißelung, Verspottung, Kreuztragung, Kreuzigung, Kreuzabnahme und Grablegung Christi. Von den gläubigen Katholiken wird der Tag unter strengem Fasten als Zeichen für Trauer und Buße begangen. Es finden *Passionsspiele* (z. B. heute noch alle 10 Jahre in Oberammergau) statt und *Trauer-Prozessionen*. In verschiedenen Orten Spaniens ziehen Prozessionen der alten Bruderschaften (cofradías) umher, die – verborgen unter ihren Spitzhüten – Heiligenfiguren und lebensgroße Szenenbilder (pasos), das Kreuz Christi und seinen Sarg tragen. Die Prozessionen werden häufig von dumpfen Trommelklängen und Trauergesängen (saëtas) begleitet.

Die orthodoxen Christen der *Ukraine* nehmen am *Grablegungsgottesdienst* teil und an der Prozession mit dem Heiligen Leichentuch, einem ungerahmten Ölgemälde mit Darstellung des Leichnams Christi im Grab. Jede Kirche besitzt ein solches Gemälde (»Plaschanytsia«).

Für die Protestanten ist der *Stille Freitag* der höchste Feiertag, der mit feierlichem Abendmahl begangen wird. Der »gute« oder »stille« Freitag (engl. Good Friday) ist im Volksglauben ein *Wunder- und Orakeltag*, eine Zeit für besonders wirksamen Zauber, Geister- und Hexenspuk. Geräuschvolle Arbeit ist untersagt. Nachts zieht das »wilde Heer« durch die Lüfte, und der Teufel erscheint um Mitternacht am Kreuzweg. Den am Karfreitag gelegten »Antlaß«-Eiern und dem Taufwasser von Karfreitag werden besondere Kräfte zugeschrieben.

Karsamstag

Der »Große Heilige Sabbath« der orthodoxen Kirche, der *Stille Sonnabend* oder *Ostersonnabend* der evangelischen Kirche leiten über zum triumphalen Fest der Auferstehung.

Für den Gläubigen ist es ein Tag freudiger Erwartung, ein Tag der Gewißheit, daß Christus vor der Auferstehung in den Hades hinabsteigt, die Pforten der Hölle zerbricht, um den Gerechten des Alten Testaments ihre Erlösung zu verkündigen.

In Anlehnung an die weit verbreitete Sitte der *Osterfeuer* (Neujahrs- und Frühlingsfeuer, s. S. 21) findet in den katholischen Kirchen seit dem 12. Jahrhundert in der Frühe des Karsamstag die *Feuerweihe* statt. Dieses »*Osterfeuer*« wird vor den Kirchentüren nach altem Brauch mit Feuerstein und Stahl geschlagen oder mit einem Brennglas entzündet. Der Priester weiht das »jungfräuliche Feuer« und außerdem fünf Weihrauchkörner. Er legt dann die geweihte Glut (»Osterkohle«) ins Weihrauchfaß.

In der Osternachtsmesse werden feierlich drei spezielle Kerzen an dem Neufeuer entzündet, mit der dritten schließlich die große Osterkerze und die übrigen Beleuchtungskörper.

An der Osterkerze sind die fünf Weihrauchkörner in Kreuzform befestigt – zur Erinnerung an die fünf Wunden Christi (Freybe, 1922).

Die Passah- oder Osterkerze, einst eine Weihegabe (Votiv), versinnbildlicht so den *Sieg des Lichtes über die Finsternis:* Christus ist das Licht der Welt, das »Lebenslicht« der Gläubigen. Vorchristlicher Brauch lebt sicherlich fort, wenn von der »Osterkohle« die Herdfeuer der Gemeinde neu entzündet werden (heute z. B. noch in Kochel/ Oberbayern und Lenggries).

Nach der Feuerweihe findet ein zweites wichtiges Ereignis am Ostersonnabend statt: die *Wasserweihe*. Seit dem 2. Jahrhundert wurde nur einmal im Jahr getauft – am Vorabend vor Ostern und Pfingsten. Daher wird das Taufwasser in der Osternacht erneuert und geweiht. Die Gläubigen dürfen sich seit dem 9. Jahrhundert von diesem Osterwasser mit nach Hause nehmen »zum Schutz für Leib und Seele, Hab und Gut« (A. Becker, 1937). Diesem *Weihwasser* werden *Wunderkräfte* zugeschrieben. Es dient zur Förderung der Fruchtbarkeit und zur Heilung von Krankheiten. Diese Vorstellung vom »*Wasser des Lebens*« knüpft nahtlos an die entsprechenden Bräuche des in der Nacht zum Ostertag »schweigend geschöpften Wassers« (s. oben S. 25).

Ostersonntag

Ostern ist für die römisch-katholische und die orthodoxe Kirche das *höchste Fest des Kirchenjahres*. Beim Übergang der Nacht von Karsamstag auf Sonntag (der ›nox angelica‹, Engelsnacht) zum *Königstag* (dies regalis) stimmte die ganze Gemeinde mit dem ersten Sonnenstrahl den Halleluja-Jubelgesang an aus Freude über die Auferstehung Christi, den Sieg des Lebens über den Tod. Die frisch Getauften durften zum erstenmal die heilige Kommunion (das Abendmahl) im Kreis der gesamten Gemeinde empfangen.

Foto 10: Auferstehung, – Titelseite aus Andreas Strobl:
Ovum paschale novum oder: Neugefärbte Oster-Ayr, Salzburg 1710
(Quelle: E. Polak 1980)

*Tafel 1: Stroh-Applikations-Ei aus der Hanna (Mähren), Tschechoslowakei
(Slg. Maud Pohlmeyer)*

Tafel 2: Bunt nach Stickereimotiven bemalte Ostereier aus Mezökövesd, Ungarn (Slg. Maud Pohlmeyer)

Tafel 3: Ostereier in Kratztechnik mit Kirchendarstellung bzw. Blütenmotiv, Hoyerswerda, Sorben (DDR) (Slg. Maud Pohlmeyer)

Tafel 4: Mit Hufeisen für Pferde oder Ochsen und Zange »beschlagene« Ostereier, Schmiedemeisterwerke aus Eger, Nord Ungarn (links) bzw. aus Jugoslawien (rechts) (Slg. Eduard Polak im Hamburgischen Museum für Völkerkunde)

Tafel 5: Ostereier in Batiktechnik verziert, Hoyerswerda, Sorben (DDR) (Slg. Maud Pohlmeyer)

Tafel 6: Osterpalmstecken mit Strohblumen bzw. mit bemalten Eiern und farbigen Hobelspänen, Litauen (links) bzw. aus Innsbruck, Österreich (Slg. Maud Pohlmeyer)

In der *ukrainischen Osternacht* treffen sich die festlich gekleideten Gläubigen der orthodoxen Kirche vor dem Hauptportal des Kirchengebäudes. Die Pforten sind noch geschlossen wie das verschlossene Grab Christi. Der Hauptpriester, der Archimandrit, schlägt mit einem großen goldenen Kreuz an die Tür und singt dabei dreimal: *»Christos voskres«* (Christ ist erstanden). Beim drittenmal öffnet sich plötzlich die Tür – der Augenblick der Öffnung des Grabes und Christi Auferstehung ist gekommen. Danach wird der Auferstehungsgottesdienst in der Kirche fortgesetzt und immer wieder gesungen: »Christ ist erstanden von dem Tod!«

Von Ostern bis Himmelfahrt ist es Brauch, sich gegenseitig mit »Christos voskresse« zu begrüßen, worauf der Angesprochene antwortet: »Voistynu voskres« (Er ist wahrhaft auferstanden) (nach J. Luciow/A. Kmit/L. Luciow, 1976).

Sowohl in römisch-katholischen als auch in orthodoxen Kirchen werden im Gottesdienst oder danach gefüllte *Speisenkörbe gesegnet.*

In Bayern thront in der Mitte ein Lebkuchen-*Osterlamm* mit weißem Zuckerguß und Ostersiegesfahne umgeben von eigelben Osterfladen, Brezeln und Ostereiern.

Mit dem *Osterlamm* ist eine vielfältige Symbolik verbunden. Einmal geht es auf das *jüdische Passah-Fest* (Pesah-Fest) zurück, an dem zur Erinnerung an die wunderbare Errettung aus ägyptischer Gefangenschaft ein Lamm geschlachtet wird. Das an die Türpfosten gestrichene Blut des Opferlamms hatte sie vor dem Würgeengel bewahrt.

An einer anderen Stelle des alten Testaments ist vom *»Sündenbock«* die Rede (3. Mose 16,21). Einem Schafbock werden die Hände aufgelegt, die Sünden des Volkes laut verkündet und damit symbolisch dem Bock aufgeladen. Dieser wird in die Wüste geschickt. In ähnlicher Weise hat Christus die Sünden der Welt auf sich geladen. So deutet im Johannes-Evangelium (1,29) Johannes der Täufer auf Jesus mit den Worten: »Seht das Lamm Gottes, das hinwegnimmt die Sünden der Welt«. Die Siegesfahne am Kreuz symbolisiert die Überwindung von Sünde und Tod.

In der Ukraine werden die *Speisenkörbe* nach dem Ostergottesdienst vom Priester mit Weihwasser gesegnet (s. Foto 9). In den Körben dürfen neben der *»Paska«* (dem duftenden runden Osterbrot mit Teigverzierungen) einige hart gekochte farbige Ostereier, ein oder zwei bemalte Eier, Schinken, Wurst, Käse, Butter, etwas Salz und Meerrettich nicht fehlen. Der scharfe Meerrettich sollte die Menschen an die Leiden Christi vor seinem Tod erinnern.

Foto 11: Osterei mit naiver Abendmahldarstellung (Wachsbatik),
Rumänien (Slg. Pohlmeyer)

Foto 12: Osterlamm (Gebildbrot) aus Sonthofen und Backform
(Slg. Pohlmeyer)

Ostereier

Das bekannteste *Ostersymbol* ist heute zweifellos das bunt gefärbte *Osterei*. Von der Rolle des Eis als *Weltei, Symbol des Lebens und der Fruchtbarkeit* war bereits oben (s. S. 13) die Rede. Von dort ist der Schritt nicht weit zum christlichen *Symbol der Auferstehung*. Bereits im 4. Jahrhundert heißt es bei Ephräm, einem syrischen Kirchenlehrer: »Gleich einem Ei springt das Grab auf.«

Wie die Ostersonne aus der Winternacht, wie das Küken aus der Eierschale, so kam Christus aus dem Grab, nachdem er die Macht des Todes (die Schale) zerbrochen hatte: *Christus ist die wahre Sonne, die Ostersonne, das Zeichen der neuen Schöpfung.*

Gefärbte Hühnereier sind bereits vor-christlich durch Funde in Griechenland (500–200 v. Chr.) belegt, einfarbige Gänseeier als *Grabbeigabe* in einem römisch-germanischen Gräberfeld bei Worms aus dem 4. Jahrhundert nach Christus. Im Osten sind Reste bemalter Eier in altslawischen Kulturschichten Polens und Schlesiens nachgewiesen, in Wien-Simmering in Awarengräbern aus dem 7.–9. Jahrhundert. Das Ei galt hier vermutlich als *Lebenssymbol* und zugleich als *Wegzehrung* für die Reise ins Jenseits.

Die Sitte des *Eierschenkens* geht wahrscheinlich auf den älteren Brauch der *Abgabe von Zins- und Antlaßeiern* zurück (s. Gründonnerstag). In der Zeit der Naturalwirtschaft mußten Steuern an den Grundherrn natürlich weitgehend in Form von Naturalien bezahlt werden. Im Frühjahr spielten dabei naturgemäß Eier, Hühner und Hasen eine große Rolle, da die Hühner wieder besser legten und die Herrschaft zur Herstellung von österlichem Gebäck sowie zur Verteilung an Freunde und Gesinde einen großen Bedarf hatte. Von den Gründonnerstag gelegten begehrten *Antlaßeiern* stand den Knechten je eines, den Mägden mindestens ein halbes zu. Auch bei den *Heischeumzügen* der Dorfjugend (u. a. der Klapper- und Ratschenbuben) spielten Eiergaben eine große Rolle.

Im 16. und 17. Jahrhundert scheint sich mit der Reformation ein grundlegender *Wandel in der Sitte des Eierschenkens* vollzogen zu haben. Nicht mehr die Grundherrn, Pfarrer, Küster und Lehrer werden allein bedacht, sondern die Patenkinder, die Freunde und – in der Frühlingszeit naheliegend – die Geliebten. Das Osterei wird damit zur *Liebesgabe*, zum *Paten- und Minnegeschenk* und als solches reich bemalt und verziert (s. dazu S. 47 ff.).

Auffallend ist die weite Verbreitung des *roten Ostereis*, das auch vorchristlich und heute noch in außerchristlichen Bereichen nachzuweisen ist (vgl. S. 48). Christlich gesehen ist das *rote Ei Symbol des Leidens, des Kreuzestodes und des Blutes Christi.*

Ukrainische Legenden verbinden die roten Eier mit dem Schmerz trauernder Mütter um ihre früh verstorbenen Kinder.

Nach Art der Verzierungstechniken und Ornamentik können wir in Europa verschiedene *»Ostereier-Landschaften«* unterscheiden, die in der Sammlung Maud Pohlmeyer mit guten Beispielen vertreten sind (vgl. S. 75 ff.).

Wer bringt die Ostereier?

Als im 17. Jahrhundert das Ostereier-Schenken mehr und mehr in Mode kam, überließ man es meistens der Phantasie der Eltern, ihren Kindern zu sagen, wer denn diese ungewöhnlichen, farbenfrohen Eier gebracht hätte. Die Antworten scheinen dabei je nach Landschaft unterschiedlich ausgefallen zu sein. Folgende Eierbringer sind in dieser Zeit belegt:

– *der Hahn:*	in Westböhmen, dem Egerland, in Oberbayern und in Österreich, in Thüringen (stellenweise) und Schleswig-Holstein
– *Himmelshenne und Ostervogel:*	in Tirol, Kärnten und im Odenwald
– *der Storch:*	in Thüringen (neben dem Hahn) und in der Rhön
– *der Kuckuck:*	vereinzelt auch Kranich und Auerhahn: im Solling, im Braunschweiger Land, in der Altmark, in der Schweiz, in Siebenbürgen
– *der Fuchs (»Voßeier«):*	in Ravensberg, Lippe Nord, Westfalen, Hannover, stellenweise in Friesland
– *die aus Rom zurückgekehrten Glocken:*	im Berner Land, in den Vogesen, in Belgien und den Niederlanden.
– *der Palmesel:*	in Fulda

Der *Hase* als Eierbringer ist zunächst nur am Oberrhein, im Elsaß und in der Pfalz verbreitet, nahezu im gleichen Gebiet, aus dem unser *Weihnachtsbaum* stammt. Die frühesten bisher belegten *»Haseneier«* werden in dem Werk des Heidelberger Medizinprofessors Georg

Foto 13: Drei Hasen-Bild. Farbige Zeichnung aus dem Stammbuch des
Sülfmeisters Hartwig von Dassel in Lüneburg, (um 1585).
Quelle: A. Becker, 1937

Frank »De ovis paschalibus«. – Von Oster-Eyern, »Satyrae Medicae« (1682) erwähnt (für das Oberrheingebiet, die Pfalz und das Elsaß). Noch im ersten Drittel des 19. Jahrhunderts war der *Osterhase* im Harz und in anderen Teilen Deutschlands noch *unbekannt*; selbst 1906 hatte man von ihm im Grenzgebiet von Roer und Maas noch nichts gehört. Das hat sich heute natürlich unter dem Einfluß von Oster-Bildergeschichten und der internationalen Schokoladenindustrie geändert.

Wie kam nun gerade der *Hase* zu dieser beherrschenden Rolle als Eierbringer?

Hasen waren bereits im Altertum *Sinnbild für Fruchtbarkeit, Zeugungskraft und Lebensgier*. Da die Hasen (Kaninchen) sich im Frühjahr »wie die Hasen« vermehrten, spielte dieser Reichtum neben den Zinseiern und Osterlämmern als Abgabe an den Grundherrn eine Rolle. Als nun das Verschenken von Ostereiern zunahm, lag es nahe, diese ungewöhnlichen Eier den so fruchtbaren Hasen unterzuschieben. Nach anderer Anschauung hatte damals das Gebildbrot des Osterlammes Pate gestanden, indem es mit einem Hasen verwechselt wurde.

Der Fruchtbarkeits-Aspekt des Hasen wird heute im Zusammenhang mit Ostern nicht mehr so stark betont; dagegen ist im erotischen Bereich häufig von *Ski-, Bett- oder Sex-Häschen* (vgl. die Bunny-Häschen der Playboy-Bewegung) die Rede.

Des Menschen Geist sehr viel erfindet,
was seinen Ruhm und Stolz verkündet.

Doch hat das Ei er nicht erdacht.
Drum frage ich:
Wer hat's gemacht?

Eva Ziehm

Ostereier-Kunstwerke und Schmucksymbolik

Schon früh entwickelte sich das Bedürfnis, Dinge, die in unserem Dasein eine wichtige Rolle spielen, auf ansprechende Weise aufzuwerten. So gehört auch das Schmücken von Eiern zu den ältesten Zeugnissen künstlerischer Gestaltung. Belege für das einfache Färben finden sich schon in frühgeschichtlicher Zeit. Verzierte Eier dagegen haben eine Tradition, die über religiöse und andere Gebräuche hinweg auch als Freundschaftsgabe große Verbreitung fanden.

Eier werden zu(r) Geschichte

Spitzenprodukte an künstlerischer und handwerklicher Gestaltung bildeten bemalte Eier oder deren Nachbildung aus Edelmetallen und anderen Materialien, derer sich feine Leute und Herrscher seit dem 17. Jahrhundert bedienten, um sich zu beschenken.

Vielfältig sind die Berichte über die Eier am *Französischen Hof*. Ludwig XV. ließ Ostereier von bekannten zeitgenössischen Malern wie Boucher oder Watteau mit verspielten Szenen bemalen. Die Hofjuweliere schufen eierförmige Kostbarkeiten aus Silber, Gold und Glas, in denen sich wiederum Kostbares verbarg. Eine spanische Prinzessin bekam zu Ostern ein emailliertes Ei, auf dessen Schale das Evangelium eingraviert war. Auf Knopfdruck ertönte aus dem Inneren eine Melodie.

Als die Tochter des preußischen Königs Friedrich Wilhelm III. nach ihrer Heirat mit Zar Nikolaus I. nach Rußland kam, lernte sie diese Eier kennen und schickte sie zu Ostern an ihre Familie. Ihr Vater war davon so angetan, daß er daraufhin als erster in Deutschland (Anfang 19. Jahrhundert) seine *Königliche Porzellanmanufaktor in Berlin* anwies, derartige Eier aus Porzellan zu verfertigen (Durchzugseier, teils als Parfum-Flakons).

Den russischen Hofjuwelier *Fabergé* regten fürstliche – meist aus Frankreich stammende – Eier an, seine sogenannten »*Überraschungseier*« für die Zarenfamilie zu schaffen. Das erste dieser Art überreichte er der Zarin 1884; es bestand aus Gold, undurchsichtig weiß emailliert. Öffnete man es, erschien ein Dotter aus Gold. Darin verbarg sich ein goldenes Küken, in dem Küken eine kleine Zarenkrone, und in der Krone hing ein winziger eiförmiger Rubin.

Jedes Jahr schuf Fabergé ein anderes Ei, sein berühmtestes wohl das Stück aus dem Jahre 1897: ein goldenes, reich verziertes Ei mit der vollständigen nachgebildeten Krönungskutsche im Innern! Seit Ende des 18. Jahrhunderts waren in Rußland *Lackeier* aus Holz und Papp-maché von Lukutin weit verbreitet und beliebt, meist bemalt mit reli-giösen Motiven (Ikonen) und Szenen aus dem russischen Volksleben.

Auch in heutiger Zeit sind Eier aus *verschiedensten Materialien* üb-lich. Holzeier können nicht nur bemalt, sondern auch geschnitzt oder mit meisterhaften Einlegearbeiten verziert sein. Von Stein, Ton und Plastik bis z. B. geflochtenem Stroh lassen sich unzählige Möglich-keiten finden, Eiernachbildungen zu schaffen.

In weiten Teilen Europas jedoch werden die Eier (meistens von Hühnern, aber auch Enten-, Gänse- und Taubeneier, vereinzelt von Wildvögeln und dem Strauß) einfach gefärbt oder mit Mustern verse-hen. *Je weiter man nach Osten kommt, desto reicher die Verzierungs-formen.* In traditionsreichen Gegenden werden die charakteristischen Stile und Techniken noch heute von einer Generation zur nächsten weitergegeben. Den Osterschmuck machen vor allem die Frauen. Diese Volkskunst beherrschen sehr viele, aber überall finden sich be-sonders geschickte »Eiermalerinnen«, die weithin bekannt sind und als »Spezialisten« auch für andere verzieren.

Farbensymbolik

Da Eier und Eierschmuck immer ihren Ursprung in vorchristlichen und religiösen Überlieferungen haben, finden sich oft in Farben und Verzierungen entsprechende Bedeutungen oder Hintergründe. Man kann sogar sagen, daß die Regionen, die heute noch in lebendigster Verbindung mit den überlieferten Sitten stehen, an der Intensität und Art ihrer Dekorationen erkennbar sind.

Es gibt eine Huzulen-Geschichte aus der Ukraine, wonach das Schicksal der Welt von ihren verzierten Eiern abhänge. Solange diese Tradition des Eierverzierens lebendig sei, bleibe die Welt bestehen. Sollte die Sitte einmal aussterben, so würde das Böse die Welt umzin-geln und sie zerstören (Luciow, Johanna, 1976, S. 16).

Der Symbolgehalt der Muster beginnt bei der *Farbe*. Das *Rot-Ei* als das Ursprünglichste ist schon seit ältesten Zeiten bekannt. *Rot* ist eine alte Kult- und Opferfarbe, die in Steingräbern der Steinzeit als Toten-beigabe (rote Kreide bzw. Ocker) eine große Rolle spielte. Als die

Farbe des Blutes bedeutet Rot nach altem Volksglauben »Saft des Lebens«, eine lebenspendende Kraft, die Gesundheit und Leben erneuert und bewahrt.

In vielen Ländern ist *Rot die Farbe der Magie*. Sie schützt angeblich auch in neueren Zeiten vor bösen Kräften, hält die Hexen in Abstand und hilft im Heilverfahren gegen sie.

Die Wärme und Kraft der Sonne gibt der Farbe Bedeutung; speziell in Nordeuropa mag auch der rothaarige Gewittergott Donar seinen Einfluß gehabt haben.

In *Rumänien* gelten rote Eier als *Liebesgaben.* Als Farbe der Gefühle und Leidenschaften repräsentiert sie Liebe, die eine Erneuerung des Lebens bedeutet, denn sie führt – nach den Gesetzen der Natur – zur Heirat und Familie.

Für den Christen ist *Rot das reinigende Blut Jesu*, durch das jeder Mensch neu geboren wird. Dazu gibt es viele Legenden, z. B. daß alle Steine der Welt plötzlich rot wurden bei Jesu Auferstehung. In Rumänien erzählt man, Maria sei mit einem Korb voller Eier zu den Soldaten am Kreuz gegangen. Diese jedoch nahmen keine Notiz von ihr, und Jesu Blut tropfte auf den Korb, der zurückgelassen unter dem Kreuz stand, und färbte die Eier rot.

Noch heute verschenkt man vor allem in *Griechenland* neben dem Rot-Ei auch das *Gold-Ei*, mit dem die Orthodoxen ihre Besucher zu Ostern zu begrüßen pflegten. Diese Farbe sollte das *Göttliche an der Geschichte Jesu* unterstreichen. Aber auch an Höfen und Herrscherhäusern schenkten sich Könige und Fürsten *Prunkeier in Gold* zum Fest. In Deutschland und Österreich bevorzugt man *Grün*, da es (wie in der Tschechoslowakei) vorherrschend als Farbe der Hoffnung, der geistigen und irdischen Erneuerung in Erinnerung an die Früchte der Erde angesehen wird, während *Blau* Unglück anzeigen soll (nach V. Newall 1971).

Mustersymbolik

Die Symbolik der Farben findet sich in großer *Vielfalt in den Mustern* wieder, die vor allem in den osteuropäischen Ländern verbreitet sind. Viele Muster, die verwendet werden, haben eine bestimmte Bedeutung, sowohl für den, der das Ei gibt, als auch für den, der es empfängt. Dabei mischen sich neue nahtlos mit alten Bedeutungen, so daß auch heute noch *heidnische und christliche Symbole* erkennbar sind. Neue

Kombinationen kommen jedes Jahr dazu und verändern sich, werden oft sehr persönlich und können daher kaum grundsätzlich kategorisiert werden. Der folgende Versuch kann daher nur beispielhaft vorstellen, welche Möglichkeiten sich in Ostereiermustern verbergen (die Muster Abb. 1–11 orientieren sich weitgehend an ukrainischen Vorbildern (aus Luciow, Johanna (1976). Einfache Zeichen sind *Bänder* aus Wellenlinie, Strichelementen und Punkten, ornamental angeordnet.

Sie symbolisieren eine endlose Linie und stehen für ewiges Leben, Ewigkeit. Wellenbänder können Wasser sein oder die »feine Art der Frauen« (Hessen, nach Bott, Irmgard, 1979, S. 16). Prinzipiell kann jedes stilisierte Bildelement streifenförmig angeordnet werden (vgl. Abb. 1).

Dreiecke sind in typisch ukrainischen Mustern weit verbreitet. Sie stehen in ihrer Bedeutung für verschiedene Formen der Dreifaltigkeit: Sie können Luft, Wasser und Himmel, Himmel und Erde und Hölle, die Familie (Vater, Mutter, Kind) und den Vater, Sohn und Heiligen Geist versinnbildlichen. Oft wird das Dreieck mit dem kreuzweise schraffierten Muster kombiniert. Das symbolisiert das Netz, von dem Christus sagte, alle Christen sollten »Menschenfischer« sein (vgl. Abb. 2).

Die Punkte (Tropfen), die die Huzulen gern verwenden, sind Zeichen für die Tränen der Jungfrau Maria, die sie am Kreuz Jesu vergoß. Über das ganze Ei verteilt, bedeuten sie auch manchmal Sterne.

Kreuze erinnern an den Sieg Christi über den Tod (vgl. Abb. 3).

Sonne und Sterne symbolisieren das Leben, bedeuten Wachstum und Glück.

Sonnenstrahlen bereichern das Leben mit Wärme und Licht (vgl. Abb. 4).

Rechen, Leiter und *Windmühle* sind meist als Bereicherung des Musters miteinander verbunden. Es sind Werkzeuge, die der Bauer für die Ernte-Arbeit oder danach braucht. Diese Symbole stehen für eine gute Wirtschaftsführung und den Wunsch nach Wohlstand (vgl. Abb. 5).

Pflanzen, Blumen. In den pflanzlichen Mustern herrschen Blumen vor. Sie symbolisieren Liebe, Güte und Wohlwollen. Sonnenblumen deuten die Wärme der Sonnenstrahlen an, Rosen die Liebe und Fürsorge (vgl. Abb. 6).

Weitere Pflanzenmotive sind *Bäume* (Lebensbaum) und *Zweige*, die ewige Jugend und Gesundheit bedeuten (vgl. Abb. 7).

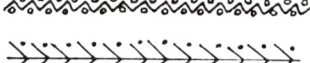

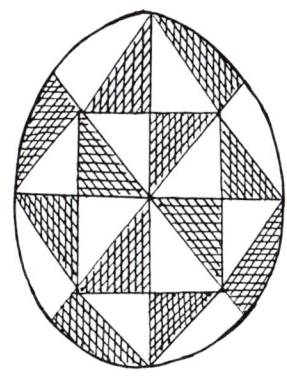

 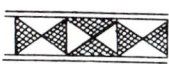

Abb. 1

Abb. 2

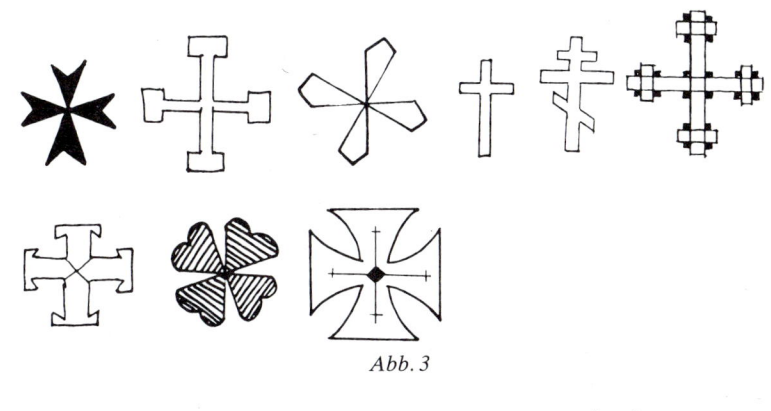

Abb. 3

 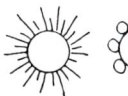

Abb. 4

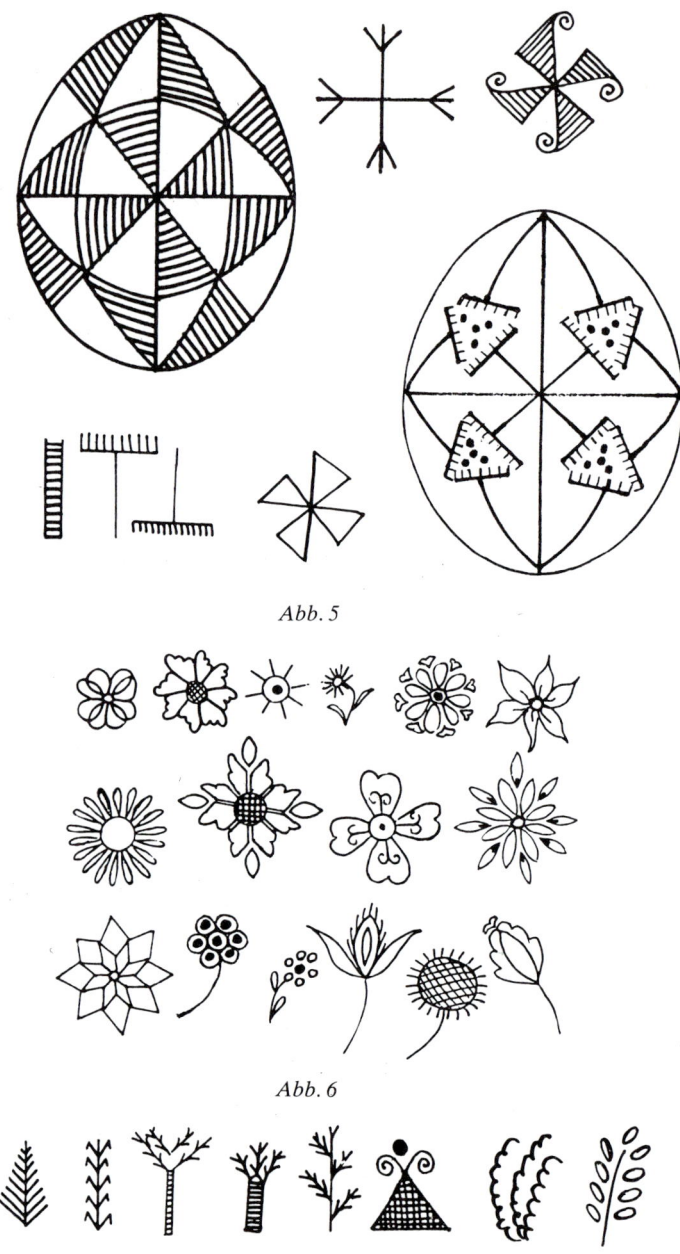

Abb. 5

Abb. 6

Abb. 7

Weizenhalme, Ähren und *Gräser* versinnbildlichen Gesundheit und ebenfalls Wünsche für eine gute und reiche Ernte (vgl. Abb. 8).

Tiere

Am bekanntesten ist das Fischmotiv als Erkennungssymbol für die Christen in der Zeit der Verfolgung im Römischen Reich. *Vögel* befinden sich meist im ruhenden Zustand wie z. B. Taube – Friedenstaube. Störche, Küken, Hennen und Hähne sollen für die Erfüllung vieler Wünsche, z. B. für Fruchtbarkeit sorgen (vgl. Abb. 9).

Der Katalog ließe sich noch beliebig fortsetzen mit Hirschen und Pferden, Widdern, Löwen und Insekten, zusätzlich noch mit besonderen Merkmalen von Tieren u. a. (Bsp: Wolfszähne bedeuten Schutz).

Hier soll ein Hinweis genügen, daß sich Symbole der *Eierverzierungen auch in Stickereien*, der Textilkunst und der Keramik wiederfinden, typisch z. B. für die Ukraine, Ungarn, Oberlausitz und für Hessen. Besonders in Hessen (siehe Foto 14) pflegt man die Tradition, wie die »gebundene Rede« des verstorbenen Heinrich Horst für die Eiermalerei illustriert:

> »Schon seit Jahrhunderten pflegt' unsere Sippe,
> die Fr1un und Mädchen eine feine Kunst;
> das Osterei mit Wachs und Farbe zu verzieren.
> Uralte Zeichen, SONNENRAD und BAUM DES LEBENS,
> die ZICKZACKLINIE, die des Mannes Wesen gleichet,
> wobei der WELLENLINIE sanfter Schwung
> uns mehr die feine Art der Frauen zeiget.
> Dies alles schmücket heut' noch unsere bunten Eier,
> des FELDES BLUMEN und des HIMMELS STERNE,
> das KREUZ DES GLAUBENS und der HOFFNUNG ANKER,
> das HERZ, der LIEBE Sinnbild,
> sie geben immer wieder neue Muster,
> das Osterei kunstfertig darzubieten.
> Auch schöne SPRÜCHE werden draufgeschrieben,
> sie reden von der Liebe, von der Freundschaft,
> sie geben Segenswünsche und manch' guten Rat.«

Abb. 8

Abb. 9

Foto 14: Hessische »beschriebene« Eier mit Stickereimustern
(Slg. Pohlmeyer); vgl. auch S.75

Schrift

Beliebt als Verzierung von Ostereiern sind verschiedene Inschriften. Religiöse Texte bestehen oft aus Psalmen, Sätzen der Osterbotschaft oder einfachen Abkürzungen – in Rußland bzw. Griechenland verbreitet – wie:

XB – Christos voskres – Christ ist erstanden,

ICX – Jesus Christos,

NK – nike – er siegt.

Festtagswünsche finden sich und – dafür sind die Eier aus Hessen besonders bekannt – Liebesbotschaften und -ergüsse in Gedichten und überlieferten Versen, von denen umfangreiche Sammlungen in jedem Dorf aufbewahrt sind. Zahllos sind die Überlieferungen. Zu den berühmtesten zählt wohl ein Gedicht Mörikes an seine Braut. Die letzten beiden Verse lauten:

»Die Sophisten und die Pfaffen stritten sich mit viel Geschrei:

Was hat Gott zuerst erschaffen? Wohl die Henne? Wohl das Ei?«

Wäre das so schwer zu lösen? Erstlich ward ein Ei erdacht.

Doch, weil noch kein Huhn gewesen, Schatz so hat's der Has' gebracht!«

Und als einer der schönsten Sprüche darf wohl angesehen werden:

»Meine Lieb und meine Treu schenk ich Dir zum Osterei.

Mit der Treu und mit den Jahren wirst die Lieb erst recht erfahren.«

oder einfacher:

»Ein Eilein, ein kleines Präsent,

woran man die Freundschaft erkennt.«

Verzierungstechniken

Nach den vielen Informationen über Eier und Verzierungen dürfte vielleicht das Interesse geweckt sein, selbst aktiv zu werden. Dem Wunsch wird auf den folgenden Seiten gefolgt, indem verschiedene Anregungen und Hinweise den Osterschmuck bereichern sollen.

Präparieren der Eier

Vor dem Färben oder Verzieren der Eier sollten Sie bedenken: *hartgekochte* Eier (nach einer halben Stunde ist das Innere steinhart und verdirbt nicht mehr) sind fettfrei und nehmen jede Farbe gut an, *r o h e* müssen vorsichtig mit Essig oder einem Waschmittel gereinigt werden ebenso wie – *ausgeblasene* Eier. Sollten diese in ein Farbbad getaucht werden, müssen die Löcher vorher mit Wachs oder einem anderen Knetmaterial verschlossen werden.

Löcher zum Ausblasen lassen sich gut mit einem kleinen Vierkant-Schraubenzieher bohren.

Aufhängen

Bei ausgeblasenen Eiern gibt es verschiedene Möglichkeiten der Aufhängung: (s. Abb. 10)

a) Ein kleines Streichholz wird an einen Faden geknotet und legt sich im Ei quer,

b) eine Perle, verknotet an einem Faden, der durch das Ei geführt wird,

c) ein Band mit Schleife, dessen langes Ende durch das Ei gezogen ist.

Färben

Es gibt pulverisierte Eierfarben und Farbblätter in Drogerien. Man kann aber auch *Naturfarben* aus Pflanzen benutzen, wie sie unsere Vorfahren schon während des ganzen Jahres sammelten. Hier eine kleine Auswahl:

Gelbtöne – Blüte der Butterblume, Fliederblüte, Zwiebelschalen (schwach gekocht)

Gelb-Orange – Wurzeln der Karotte

Brauntöne – Tee, Kaffee, Zwiebelschale, Blätter des Haselnuß-strauches und des Kastanienbaumes, Eichenrinde, Pflaumenbaumrinde

Rottöne – Zwiebelschale mit Essig, Brasilholzspäne, Rote-Rüben-Saft, Krappwurzeln, Johanniskrautblätter, rote Malvenblüten, Bärlappstiele

Grün-Gelb – Birkenblätter

Grüntöne – Spinatsaft, junger Roggen, junge Erlenrinde, Efeublätter, Brennessel, Mischung von Sonnenblumensamen und Holunderbeeren

Blautöne – Malvenblüten, Blauholz

Violett – Blaubeeren und Holunderbeeren

Schwarz (Grau/Braun) – Erlenrinde, -kätzchen, Eichenrinde, grüne Schale der Walnuß.

Die Färbemittel müssen gekocht werden; der Absud wird als Farbbad benutzt. Durch *Beigabe von Essig* werden die Farben intensiver und leuchtender.

Für zarte Töne benötigen die Eier nur ein kurzes, für kräftige Töne ein längeres Farbbad (bis zu einer Stunde oder mehr).

Nach dem Trocknen an der Luft kann man die gefärbten Eier mit einer *Speckschwarte* oder einem Tropfen *Speiseöl* abreiben.

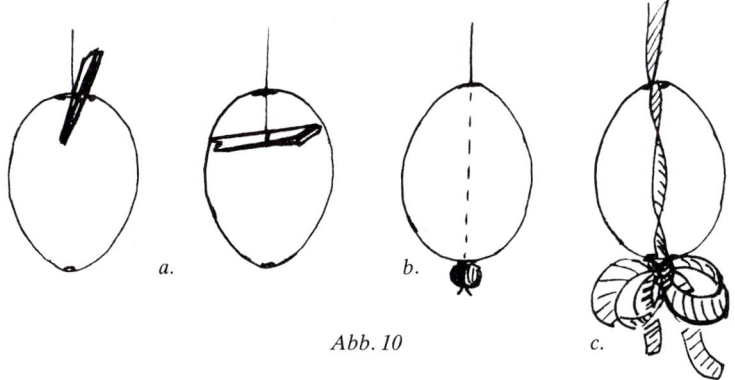

a.   *b.*

Abb. 10   *c.*

Aussparen mit Pflanzen (Schablonen)

Reizvolle Effekte zusätzlich zum Färben kann man erreichen, wenn man kleine Blumen, Gräser und Kräuter getrocknet oder auch unge-

trocknet mit einem Bindemittel (Öl, Eiweiß, dünner Leim) ange-
feuchtet fest auf die Eierschale anlegt. Mit einem anschmiegsamen
Stoff (Nylonstrumpf u. a.) wird alles abgebunden und ins Farbbad gelegt. Oder man kann auch Schablonen aus Papier und durchlässiges
Gewebe aufkleben. Ist alles nach dem Färben abgezogen, erscheint
das Muster weiß – meist etwas schattig – auf farbigem Grund.

Malen, Zeichnen

Mit allen Farben, Pinseln und Stiften sind Verzierungen möglich. Der
Phantasie sind keine Grenzen gesetzt.

Wer sich hilflos vor dem reinen Ei fühlt, kann folgende Einteilungs-
hilfen in Anspruch nehmen:

Abb. 11

Absprengtechnik

Interessante Ergebnisse erreicht man, wenn man ein Muster mit viel
Deckweiß (oder einer anderen, gummiartigen Masse) aufträgt, dick

58

mit wasserunlöslicher Tusche überpinselt und danach unter fließendem Wasser die Deckfarbe abweicht. Unregelmäßigkeiten des im Weiß erscheinenden Dekors verleihen der Arbeit etwas »Antikes«.

Stempeln

Für Kinder einfach zu handhaben ist der bekannte *Kartoffeldruck*. Aufbereitete Farbe auf einer Glasplatte und Stempel mit einem Durchmesser von nicht mehr als 1 cm genügen, um vielfältige Muster entstehen zu lassen. Hier einige Beispiele:

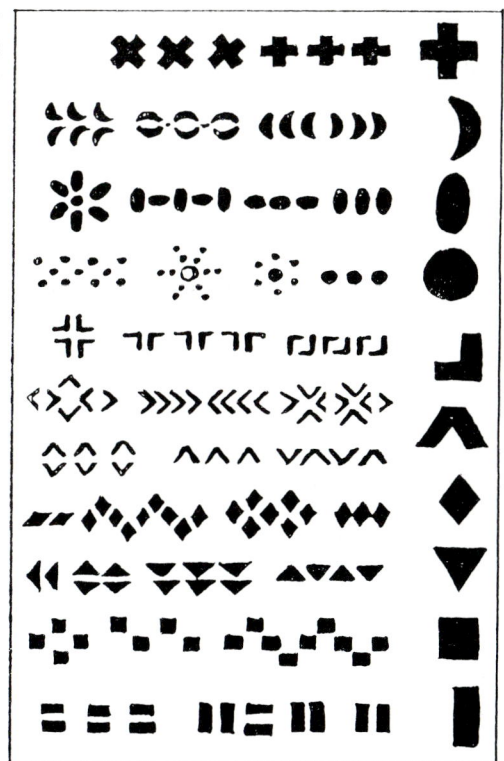

Abb. 12

Kratzen

Bei dieser Technik sollte man auf kräftigere Eier achten (am besten keine ausgeblasenen), gründlich in einer Farbe färben, da sie viel und hart in der Hand bewegt werden müssen.

Als Werkzeug ist jeder harte, spitze Gegenstand zu gebrauchen (Messer, Feilen, Bohrer, Nadeln und Nägel mit Kork oder Holzgriffen).

Das Gekratzte erscheint weiß. Diese Arbeit ermöglicht es, relativ realistische und feine Motive zu verwirklichen.

Ätzen

Die einfachste Art des Ätzens besorgen die *Ameisen*. Das gefärbte Ei in einem Ameisenhaufen wird durch deren Säure natürlich gescheckt. Ansonsten trägt man bei dieser Technik mit einem dünnen Pinsel, einer Schreibfeder oder einem Zahnstocher die *Säure* auf das gefärbte Ei im gewünschten Design auf, welche an diesen Stellen die Farbe wegätzt.

Man muß einen sauberen saugfähigen Lappen zur Hand haben, um überschüssige Säure schnell abtupfen zu können. Die Konturen der Muster bleiben leicht unscharf und schattig, abhängig vom Tempo des Arbeitenden und der Lösungskräfte. Am schnellsten wirkt Salz- oder Salpetersäure, zu einem Drittel mit Wasser verdünnt, möglich ist es aber auch – gerade mit Kindern –, mit Zitronen- und Sauerkrautsaft oder Essig zu arbeiten.

Wachs

Dieses ist die älteste und am weitesten verbreitete Technik. Sie entspricht im wesentlichen dem *Batiken* in der Textilgestaltung. Man benötigt eine Mischung aus Bienenwachs und Paraffin, weil sie am besten haftet, ein »Stövchen«, und nach Wunsch (hell bis dunkel) zubereitete Farbbäder sowie Malwerkzeuge. Das einfachste »Stövchen« kann man sich aus einem alten, gebogenen Eßlöffel herstellen (in eine halbe Kartoffel gesteckt und einem Teelicht darunter: siehe Abb. 13 (nach Schmidt, E., S. 12).

Werkzeuge

a) Stecknadeln mit verschieden großen Köpfen, die in Hölzchen oder Bleistifte gesteckt werden (Abb. 14),
b) (Gänse)federn, deren Spitzen in verschiedenen Formen geschnitten sind,
c) Tjantin oder »Kristka« (Polen), d. h. ein Metallröhrchen durch oder an einem Holzgriff entlanggeführt, durch das (wenn es sich erwärmt hat) ein gleichmäßiger Wachsfluß ermöglicht wird (vgl. Abb. 15),
d) Schreibfedern.
Muster und Ornamente entstehen durch Reihung und Kombina-

Abb. 13

Abb. 15

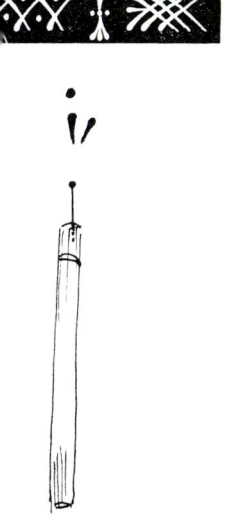

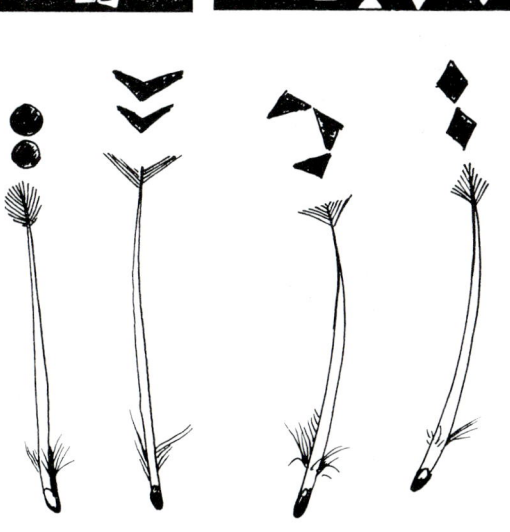

Abb. 14

Abb. 16

tion in Abhängigkeit der »Malgeräte«: (Abb. 16, Beispiele nach Fasold, H. (1966), S. 6 und Schmidt, E. (1975), S. 13).

Wachs-Reservetechnik

Das Wachs wird erhitzt, darf aber nicht kochen. Mit der Stecknadel (oder anderem) taucht man in das Wachs ein und überträgt durch einfaches Auftupfen den Punkt auf das Ei. Zieht man den Tropfen aus, entsteht eines der Muster, die – vielfältig variiert – z. B. bei sorbischen Eiern zu sehen sind (vgl. Abb. 17 in Pranda, A., (1957), S. 166f.).

Es muß sehr oft eingetaucht und relativ schnell gearbeitet werden, da sich das Wachs rasch erhärtet.

Das fertig »bemalte« Ei darf nur in mäßigwarme Farbe getaucht werden, da sonst – schon bei ca. 40 °C – das Wachs schmilzt. Die Stellen mit dem Wachsauftrag nehmen die Farbe nicht an, bleiben weiß. Der ganze Vorgang kann auf der getrockneten Farbe wiederholt angewendet werden. Es empfiehlt sich, mit einer hellen Farbe zu beginnen und die dunkelste zum Schluß zu nehmen (vgl. Abb. 18 aus Epple, Doris (1973), S. 10).

Bossieren

Variante der Wachstechnik ist, ein Ornament in farbigem Wachs aufzutragen und es ohne Farbbad als Reliefarbeit stehenzulassen.

Wachs kann man auch in farbigen Plättchen kaufen und als *Applikation* auf weiße oder gefärbte Eier bringen.

Es ist möglich, die Platten selbst herzustellen, indem man Wachs und Reste von Kerzen auf einem Topf mit sehr heißem Wasser schmelzen und dann abkühlen läßt. Aus diesem – evtl. noch ausgewalzten – Grund kann man mit Röhrchen und selbstgemachten Motiven aus Blechstreifen (Musterklammern) viele Formen ausstechen und zu Mustern ordnen (vgl. Abb. 19 aus Epple, D. (1973), S. 10).

Mit einem spitzen Gegenstand läßt sich die Oberfläche zusätzlich durch Einritzen beleben!

Abb. 17

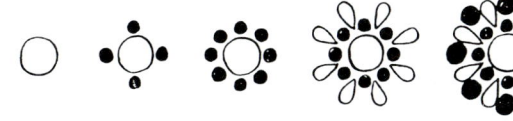

Abb. 18

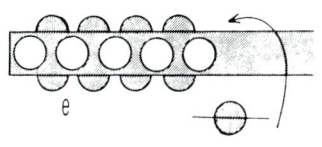

Abb. 19

Kerzen

Natürlich lassen sich in ausgeblasenen Eiern leicht Kerzen gießen, wenn man vorher einen Docht durchzieht. Die Schale braucht man nach dem Erhärten des hineingegossenen Wachs nur abzupellen.

Marmorieren

Mit Tapetenkleister und dünnflüssiger Tubenfarbe kann heute jeder marmorieren.

Der Kleister muß relativ dünn sein (ca. ein gehäufter Eßlöffel auf einen Liter Wasser) und ohne Luftblasen sahnig fließen. Verschiedene Künstlerölfarben verdünnt man mit Terpentinöl und spritzt sie mit einem Strohhalm tropfenweise auf den Kleister. Die Farben sollen leicht auslaufen, ehe sie mit einem Stäbchen zu marmorähnlichen Strukturen verzogen werden können.

Für ausgeblasene Eier ist ein Haltegestell aus Draht empfehlenswert, um das Drehen und Tauchen zu erleichtern. Den Kleister wäscht man am besten sofort unter fließendem Wasser wieder ab (vgl. Abb. 20).

Applikationen

Es gibt die Möglichkeit, Eier zu verzieren, indem man sie mit verschiedensten Dingen beklebt.

In Mitteldeutschland, Polen und der Tschechoslowakei finden wir besonders verbreitet die *Binsenmarkapplikation*. An Bächen und sumpfigen Wiesen wächst Juncus squarrosus, eine 30–50 cm hohe Binsenart, die ein reines Stengelmark hat, das man durch Abziehen der röhrenförmigen Hülle gewinnt. Das wollfadenähnliche Material wird in Windungen um das ausgeblasene Ei gelegt. In Polen ergänzt man das Binsenmark mit grellbunten Wollfäden. In Deutschland mit Stoffresten in Herz- oder Kreisform (siehe Foto 16).

Man kann natürlich auch reine Ornamente nur mit Wollfäden legen oder beliebige *Bänder, Litzen* und *Spitzen* verwenden. Denkbar sind zudem »*Häkeleier*«, wo einfache und komplizierte Häkelmuster das Ei einwickeln und umgarnen.

In *Mähren* ist die Verwendung von *Stroh* (auch farbig) sehr verbreitet. Die Strohhalme werden aufgeschnitten und am besten in einem Sieb über kochendem Wasser gedämpft, bis sie sich ringeln. Dann glättet (evtl. innen schaben mit einem scharfen Messer) und trocknet man sie, bevor man aus den Streifen kleinste Rhomben, Rechtecke und andere Formen schneiden kann. Mit Pinzette und Stecknadelkuppe können die Teilchen einzeln angedrückt werden (siehe Foto 17).

Außer *Bildchen* aller Art wirken natürlich auch *Scherenschnitte* aus Buntpapier oder *getrocknete Gräser* (hinterher lackieren!) aufgeklebt sehr dekorativ.

Verkrustungen stellt man so her, daß man das Ei in Mustern oder ganzflächig mit Wachs oder Kleber einstreicht und es vorsichtig in Körnern und Samen oder auch Gold- und Silberplättchen wälzt.

Dafür eignen sich hartgekochte Eier am besten. Farbloser Lack wird in jedem Fall empfohlen, um zum Fest kein kahles Ei zu präsentieren!

Schwieriger und sehr mühsam ist es, alle Körner oder auch Perlen einzeln mit der Pinzette in den aufgetragenen Leim einzudrücken. Das läßt sich auch mit einem Wachsüberzug und *erwärmten* Perlen machen oder solchen, die man auf Schnüre gereiht um das Ei wickeln kann (siehe Foto 28).

In Ungarn und Jugoslawien sind sogar mit *Metall beschlagene Eier* üblich – meist als Geschicklichkeitsproben der Hufschmiede! (siehe Farbfoto 8).

Weitere Ideen

Das Spruchband-Ei

Mit Geduld und Geschick schneidet man mit Hilfe einer Rasierklinge oder kleinen Feile in ein möglichst großes Ei in Längsrichtung einen Schlitz (so breit wie das Spruchband).

Ein Ende des Spruchbandes (beliebiger Papierstreifen, nicht zu dünn) wird zu einer Schlaufe geklebt. Diese Schlaufe muß in ihrer Innenseite dick mit Klebstoff bestrichen und durch den Schlitz ins Ei geschoben werden.

Dann wird durch die beiden Löcher an Spitze und Boden des Eis sowie durch die Schlaufe eine Achse aus Draht (am besten in doppelter Führung, damit die Schlaufe nicht rutscht) oder ein dünnes Rundholz gesteckt.

An den Enden kann man eine Perle als Abschluß aufstecken und –

Foto 16: Binsenmark-Eier aus dem Odenwald und Thüringen,
z. T. mit Stoffstücken beklebt (Slg. Pohlmeyer)

Foto 17: Strohapplikations-Eier aus der Hanna (Mähren)
(Slg. Pohlmeyer)

ist die Achse aus Draht – eine Kurbel biegen. Wenn der Klebstoff im Ei an der Schlaufe getrocknet ist, kann das Papierband aufgewickelt werden.

Um ein Hineinrutschen in den Schlitz zu verhindern, sollte man ein Hölzchen oder Drahtstäbchen am Ende befestigen. Brüche und zu große Löcher lassen sich mit verschiedenen Applikationen gut verkleiden (vgl. Abb. 21/22).

Der Ostervogel

Besonders im Odenwald kennt man diese Tradition, die an die »Heilig-Geist-Taube« u. ä. erinnert.

Zwei Bogen Schreibmaschinenpapier, weiß oder bemalt, werden fächerförmig gefaltet.

In ein waagerecht gehaltenes Ei werden nun (wie beim Spruchband-Ei) gegenüberliegend zwei senkrechte und an der stumpfen Seite ein doppelt dicker Schlitz angebracht. Um ein Ausbrechen der Schale zu verhindern, kann man die Stellen mit Uhu versteifen.

Eine Büroklammer soll ein unvorhergesehenes Auseinanderfächern des 1. Streifens verhindern, der als Flügel auf der einen Seite des Eis ein- und auf der anderen wieder ausgeführt werden muß, ehe man ihn entfalten kann. Den 2. gefalteten Streifen muß man in der Mitte knicken und zusammkleben, bevor er am und im Ei (hinterer Schlitz) befestigt wird. Der »Hals« des Vogels besteht einfach aus einer spitzen Tüte aus Papier, die man oben abknickt (für den Schnabel) und auf das freie Ende am Ei aufgeklebt. Die Schlitze können noch beliebig kaschiert werden, bevor man den Vogel an Flügeln und Schwanz aufhängt (Abb. 23 und Abb. 24, nach Fasold, H. (1967), S. 14.

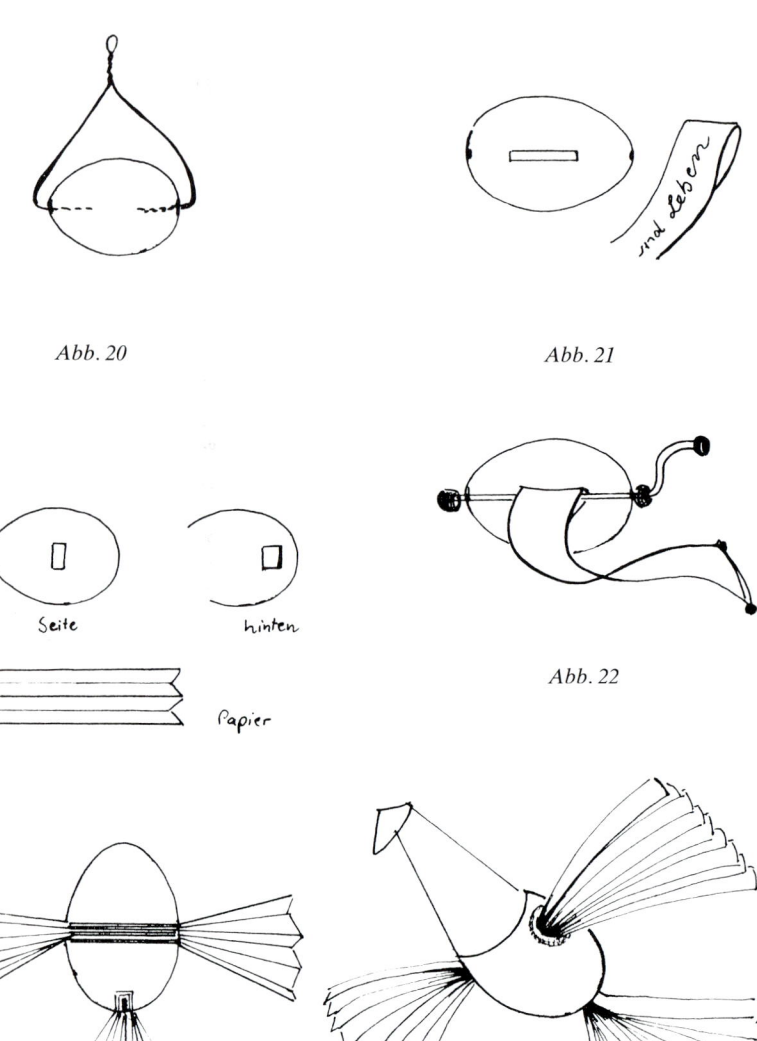

Abb. 20

Abb. 21

Seite   hinten

Papier

Abb. 22

Abb. 23

Abb. 24

Tafel 7: »Beschriebene« Ostereier aus Hessen, Wachs-Batiktechnik, Mardorf, von Auguste Mann, mit folgendem Spruch: »O sei nicht stolz Du Menschenkind! Du bist dem Tod wie Spreu im Wind und magst Du Kronen tragen, der Sand verrinnt, die Stunde schlägt und eh' ein Hauch das Blatt bewegt kann auch die Deine schlagen!«

Tafel 8: »Beschriebene« Ostereier aus Hessen mit folgendem Spruch: »Dein Leben sei heiter und fröhlich, kein Kummer betrübe Dein Herz, das Glück sei stets Dein Begleiter, nie treffe Dich Kummer und Schmerz.« (Slg. Maud Pohlmeyer)

*Tafel 9: Ostereier in Wachsbatik-Technik verziert, Huzulen, ukrainische Karpathen;
ornamentiert von der ukrainischen Studitin Schwester Veronika
(Slg. Maud Pohlmeyer)*

Tafel 10: Briefmarkenbogen mit Ostereiermotiven aus der Ukraine, z. T. Huzulen; um 1950 von ukrainischen Emigranten herausgegeben (Slg. Hamburgisches Museum für Völkerkunde)

*Tafel 11: Osterei mit Scherenschnitt-Auflage von O. Schwaninger, Schweiz
(Slg. Maud Pohlmeyer)*

Oster(eier)Spiele

Weithin beliebt und geübt sind verschiedene Spiele, in denen gerade um Ostern die Segenswirkung des Eies zum Ausdruck kommt.

Eierlesen

Dazu gehört das vielfach belegte *Eierlesen* oder *-laufen*, manchmal auch *Eierwerfen* genannt. Die Teilnehmer gehörten früher meist zusammengeschlossenen Gruppen junger Leute an (wie Zünfte, Rekruten, Burschen-Mädchen), die einen *Wettlauf* miteinander eingehen. Vertreter beider Parteien sind insbesondere der Eierleser und Eierläufer, die beide das Los bestimmt. Während der »Leser« eine bestimmte Zahl (bis 300) von Eiern, die auf dem Boden liegen, einzeln nacheinander in einen Korb zu sammeln hat, muß der Läufer in dieser Zeit eine bestimmte Strecke zurücklegen (z. B. ein Ostergebäck aus dem nächsten Dorf holen).

Wer seine Aufgabe zuerst beendet hat, wird als Sieger gefeiert; die Eier werden gemeinsam verzehrt.

Dieses Spiel ist am *Oberrhein*, in *Baden*, im *Elsaß*, in der *Schweiz, Tirol* und *Salzburg* besonders beliebt. Form und Zutat zum Spiel wandeln sich von Ort zu Ort, sei es die Kleidung, durch Auftritte weiterer Personen, die z. T. die Rolle von Spaßmachern übernehmen, oder eine Verbindung von Lauf und Ritt (Flurbegehung). Dramatische Elemente, die in diesem Spiel hervortreten, geben dem Ganzen einen Volksfestcharakter, der im anschließenden Tanz seinen Höhepunkt findet. Nachfolgend wird ein Beispiel solcher Festlichkeit beschrieben wie sie im südlichen *Baden* durchgeführt wurde:

»Das Eierspringen findet am Ostermontag statt. Hierbei treten folgende z. T. maskierte Personen auf: Der Eierspringer, zwei Wettfahrer, eine Hexe, zwei Hanswürste, ein Wachtmeister, ein Ortsdiener und ein Teufel. Das Eierspringen wird von den jungen Burschen des Dorfes in Szene gesetzt.

Diese beschaffen sich zu dem Spiel ungefähr 60 Eier. Zu Anbeginn desselben (das Spiel wird auf dem Dorfplatz vor der Wirtschaft unter Anwesenheit der jungen und alten Leute aufgeführt) treten sämtliche Figuren auf und exerzieren eine Weile unter dem Kommando des Wachtmeisters. Alsdann legt einer der Burschen die

Eier nacheinander an den Rand der Straße, die vom Wirtshaus weg aus dem Dorf läuft. Zwischen den Eiern sind Abstände von etwa 30 cm. Jetzt muß der Eierspringer nacheinander alle 60 Eier in eine Wanne tragen, welche am Anfang der Eierkette auf zwei Stühlen steht. Er muß bei dem Ei anfangen, das am weitesten von der Wanne weg liegt, auch darf er kein Ei in die Tasche stecken. Der Eierspringer wird bei seiner Arbeit von der Hexe gestört. Die Hanswürste bestrafen hierfür die Hexe. Währenddem der Eierspringer die Eier einsammelt, machen die zwei Wettfahrer auf dem Fahrrad oder Motorrad eine Wettfahrt, der welcher am schlechtesten fährt, also zuletzt ans Ziel kommt, muß den Burschen nach dem Spiel einen Teil Wein bezahlen. Sobald der erste Wettfahrer am Ziel ist, hört der Eierspringer auf mit sammeln, ganz gleich ob er fertig ist oder nicht. Jetzt wird die böse Hexe gefangen von dem Ortsdiener und den Hanswürsten. Die Streiche, die sie während des Spiels angestellt hat, werden vom Wachtmeister laut vorgelesen. Hierauf wird ihr Todesurteil gefällt und ausgeführt. Der Teufel (mit zwei Jungen) führen die erschossene Hexe auf dem Mistkarren in die Hölle, damit ist das Spiel zu Ende. Das Publikum zerstreut sich, die jungen Leute ziehen ins Wirtshaus, dort hat die Wirtin die 60 Eier für die Mitspieler zubereitet. Es wird jetzt gegessen, getrunken und getanzt« (Fehrle, E., 1955, S. 127).

Eierlaufen

Eine neuere einfache Möglichkeit, einen Wettlauf durchzuführen, der weniger traditionell ausfällt, ist das relativ bekannte *Eierlaufen*:

Zwei Personen bekommen je einen Löffel in die Hand gedrückt, auf dem sie mit ausgestrecktem Arm im Eilschritt ein Ei balancieren müssen. Wer die meisten Eier ans Ziel bringt – ohne sie unterwegs fallen zu lassen –, hat gewonnen.

Das Ganze läßt sich auch als Staffettenlauf mit einer größeren Anzahl von Personen organisieren.

Ballspiel

In Norddeutschland war das *Ballspiel* üblicher. Insbesondere das Brautballwerfen bezieht sich deutlich auf den alten Sonnen- und Fruchtbarkeitszauber. Es war in vielen Gegenden Brauch, daß Neuvermählte Bälle oder Apfelsinen (mancherorts auch eine prächtig bemalte Holzscheibe) spendeten, die an den Feiertagen zum Spielen dienten.

Schlagball, verschiedene Kugelspiele, Plumpsack und Reigenspiele, Topf- und Hahnenschlagen vervollständigen derartige Veranstaltungen.

Irrgarten

Eine andere Art des Osterspiels (nach A. Becker): ein aus vielen Kreisen bestehender, – früher durch Rasenstücke, auf denen Steine lagen, gebildeter – Gang. Kinder laufen und hüpfen hindurch, und wer sich aus dem »*Irrgang*« oder »*Wunderkreis*« herausfindet, erhält ein Ei.

Waleien

Ein sorbischer Osterbrauch, der auf den Fruchtbarkeitsgedanken im Ackerbau zurückgeht, ist das *Waleien*. Man gräbt eine kleine Grube aus mit einer abschüssigen Bahn oder errichtet eine Sandaufschüttung von verschiedener Form mit schiefer Ebene; auf jeden Fall mit vielen (z. T. ornamentartigen) Hindernissen.

Aufgabe des ersten Spielers ist es, ein Ei in die Grube zu legen; der folgende muß versuchen, mit seinem in die Grube kullernden Ei das erste zu treffen. Verfehlt er es, bleiben beide liegen, trifft er es, darf er beide behalten (oder bekommt einen anderen Preis dafür) und sein Spiel fortsetzen usw. (s. Foto 19).

Eine Variante besteht darin, sein Ei möglichst nah an eine Ziellinie zu werfen (s. Foto 18).

Eierrollen

Variationen gibt es beim *Eierrollen*. Die Eier werden einen Abhang hinuntergerollt. Gewonnen hat der, dessen Ei am weitesten gerollt oder am wenigsten lädiert ist.

Eierticken

In ganz Deutschland unter Dutzenden verschiedener Namen bekannt ist das *Eierticken*. Dabei werden die spitzen und stumpfen Enden der Eier aneinandergestoßen. Sieger ist derjenige, dessen Ei den Zusammenprall mit den geringsten Spuren überstanden hat. In Hessen werden zunächst die beiden Spitzen (»spitz-spitz«) aneinandergeschlagen, anschließend die stumpfen Enden (»doll-doll«).

Anwerfen

Ähnlich verfährt man beim *Anwerfen* des Eies mit einer Münze: Ein Spieler hält das Ei mit der Hand (Daumen und Zeigefinger) nicht ganz umschlossen; der andere muß eine Münze in den noch freien Raum zwischen Ei und Hand werfen; dies Spiel ist bis nach Rußland verbreitet – alles in gleicher Weise Geschicklichkeitsprobe wie Prüfung auf Härte und Güte des Eies (vgl. Becker 1937, S. 57).

Eiersuchen

Eine neue Form des Ostereiersuchens für Regentage ist ein *Tischspiel*, das man leicht auf einem Zeichenpapier mit dem Zirkel aufreißen kann (vgl. Abb. 25). Zusätzlich braucht man für zwei Mitspieler zweimal drei gleichfarbene Eier (auch ausgeschnittene aus Papier!) und einen Würfel. Es wird nach Auslosung des Spielanfängers abwechselnd gewürfelt. Nach jedem Wurf werden die Eier entsprechend der geworfenen Zahl gesetzt. Das Ziel ist die beiden Spielern gegenüberliegende Seite. Wer zuerst mit seinen Eiern die gegnerischen drei »Nester« besetzen kann, hat gewonnen. Es geht mit den Eiern immer im Kreis herum, kein gegnerisches Ei darf auf dem Feld oder gar Nest geworfen werden, wenn man beim Auszählen dorthin gelangt. Immer muß das im Lauf befindliche Ei hinter das fremde Ei gelegt werden.

Foto 18: Das »Waleien« bei den Sorben
(Aus dem Nachlaß von G. Buschan)

Foto 19: Eierwerfen bei den Sorben, um 1900
(Aus dem Nachlaß von G. Buschan)

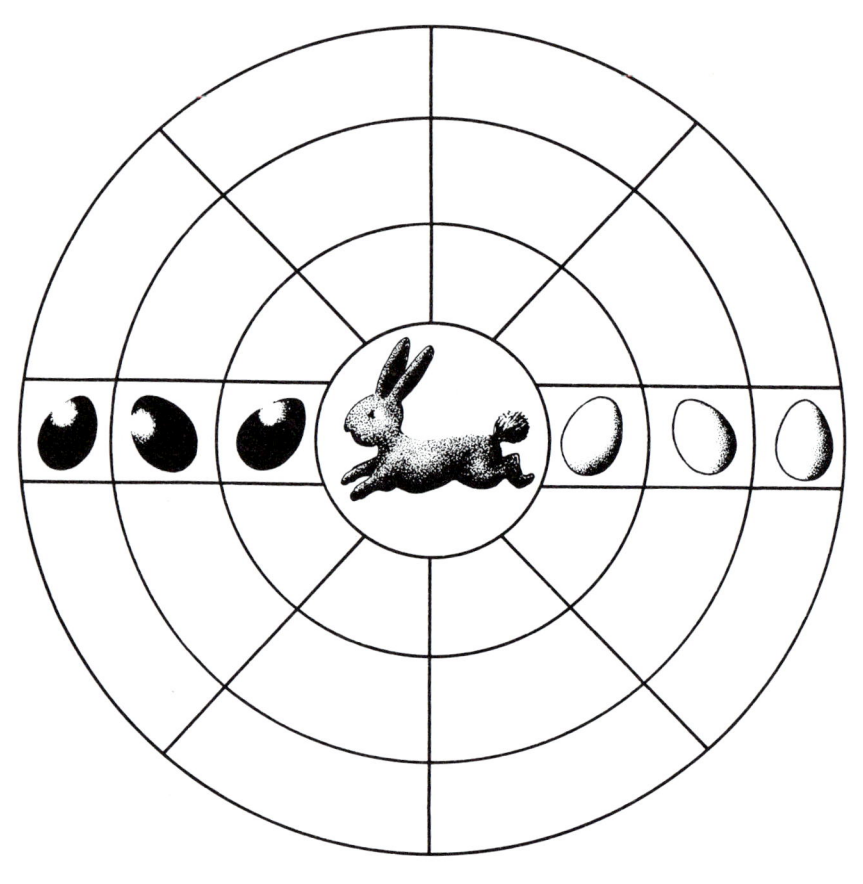

Abb. 25

»Ostereier-Landschaften«
in der Sammlung Pohlmeyer

Verzierte Ostereier konzentrieren sich heute auf die katholischen Regionen Deutschlands, der Schweiz und Österreichs und werden zunehmend farbenprächtiger und kunstvoller in den osteuropäischen Ländern im Bereich der katholischen und orthodoxen Kirche. Jede Landschaft hatte früher eigene Verzierungstechniken und -arten hervorgebracht, so daß wir die traditionellen Ostereier ihren Herkunftsgebieten zuordnen können, ohne die genaue Herkunft vorher zu kennen. In der Sammlung Pohlmeyer sind vor allem Beispiele aus Hessen, aus der Rhön, aus Bayern, der Schwäbischen Alb und Berchtesgaden, aus der Schweiz und aus Österreich vertreten. Weitere Schwerpunkte bilden die reich verzierten Ostereier von den Sorben in der DDR und den Wenden aus dem Hannoverschen Wendland, aus der Tschechoslowakei, Ungarn, Polen und der Ukraine. Hinzu kommen Beispiele aus Rußland, Rumänien, Holland, Schweden, Italien, Kreta und kunstgewerbliche Eier aus den außereuropäischen Ländern Mexiko, Pakistan, Kaschmir, Nepal, Malaysia, Japan und China.

Wir geben in den folgenden Abschnitten einen Eindruck von der Ostersammlung Maud Pohlmeyer, wie sie in den Ausstellungen von 1981 und 1982 präsentiert war. Die Sammlung befindet sich heute im Hamburgischen Museum für Völkerkunde.

Hessen

Typisch für die hessische Ostereier-Landschaft in 18 katholischen Dörfern sind die mit flüssigem Wachs »*beschriebenen Eier*«. Sie dienten früher und dienen noch heute meistens als Liebesgaben. Derartige Eier sind in der Sammlung aus Erfurtshausen und Mardorf vertreten (s. Foto 14 und Tafeln 7 und 8).

Ferner gehören zur Sammlung *Binsenmark-Eier* aus dem Odenwald, *Kräutereier* aus Bethiesdorf, *Batikeier* aus Frankfurt, *Wachsapplikationseier* aus Frankfurt und Bad Endbach, *Blauholzeier* aus Gieselwerda sowie – zum Mustervergleich – Trachtenteile und Körbe. Dazu kommen Rasseln, Ostergebäcke und eine Kuchenform in Gestalt des Osterlammes.

Rhön

Aus der Rhön sind neben Eiern mit Ostersprüchen vor allem Gebildbrote vertreten: der eierlegende *gebackene Hase* und aus Ostheim der
Storch, der nach alter Tradition die Eier bringt (s. Foto 20). Daneben waren Ratschen aus Breitenbach und die »Kirre« aus Bad Brückenau aus-
gestellt, die in der Karwoche die Gläubigen zum Gottesdienst rufen.

Schwäbische Alb

Im Saulgauer Gebiet der Schwäbischen Alb und im benachbarten Baden werden die »*Palmen*« für die Palmprozession besonders reich geschmückt. Beliebt sind Kronen aus Eiern oder Äpfeln und Holunder-
stäben (vgl. Foto 7). Teilweise sind die *Palm-Eier* kunstvoll mit Motiven der Passions- und Osterzeit bemalt.

Bayern

Gebildbrote (Osterlämmer), Springerle-Abdrücke, in Model ge-
formte *Wachs-Eier* aus München und *Wachs-Applikationseier* zählen
zu den Beispielen aus Bayern. Hinzugekommen sind »Osterrosen«
aus Oberfranken, die die vier Jahreszeiten symbolisieren, ein Glasei
mit dem Osterlamm, eine Oster-Kuchenform und Nürnberger Eier
mit Zifferblattmotiv.

Berchtesgaden

Berchtesgaden ist mit *Holzeiern*, geschnitzten Figuren und einem
Holztürmchen mit Christus am Kreuz vertreten, ferner mit eiförmi-
gen Abdrücken in Tragant-Teigmasse.

Schweiz

In der Schweiz ist der Brauch des Eierverzierens in den letzten Jahren
wieder sehr aufgelebt. Dazu haben Eierverzierwettbewerbe und
Märkte (sog. Eiermärit) in Bern und St. Gallen stark beigetragen. Die

76

*Foto 20: Eierlegender Osterhase und eierlegender Storch,
Gebildbrote aus der Rhön (Slg. Pohlmeyer)*

*Foto 21: Schweizer Eier mit Bauernmalerei,
Osterlamm und Scherenschnitt-Muster (Slg. Pohlmeyer)*

Sammlung Pohlmeyer enthält »*gekritzte Eier*« von verschiedenen Künstlerinnen, Eier mit *Bauernmalerei* und *Scherenschnitt-Eier* (s. Foto 21 und Tafel 11). Hinzugekommen sind geätzte Eier in Glas, eine Krippe im Ei und eine Oplate mit dem Jesuskind im Ei.

Österreich

Österreichische Eier sind häufig mit volkstümlichen, meist floralen Motiven *bemalt*, teils lackiert mit stumpfen Farben. Außerdem werden Palmstecken und mundgeblasene *Glaseier* gezeigt, die mit farbigen Ornamenten bemalt oder silbern und golden verspiegelt sind. Neu vertreten sind gekratzte Eier aus dem Burgenland, ein Strohkreuz, ein Stefansdom-Ei und die Leidenswerkzeuge Christi (arma Christi) in einer Flasche.

Wendland

Wenden und *Sorben* (s. unten) bildeten ursprünglich slawischsprachige Enklaven auf deutschen Gebiet. Sie gehören zu den Westslawen. Aus dem hannoverschen Wendland sind bemalte Eier mit Motiven aus wendischem Bauernhausschmuck zu sehen.

Oberlausitz

Im Gebiet der heutigen DDR, in den Kreisen Bautzen, Weißwasser und Hoyerswerda, pflegen die Sorben heute noch ihre sorbische (westslawische) Sprache und u. a. die Kunst des Eierverzierens. Berühmt sind vor allem die *sorbischen Batik, Kratz- und Ätzeier* (vgl. Foto 22). Manche Eierkünstler beherrschen alle drei Techniken, doch die meisten Familien sind auf eine Technik spezialisiert. Die Batiktechnik mit Stecknadelkuppen oder Federstempeln als Hilfsmittel zum Auftragen des Wachses (vgl. S. 60 f.) ist am häufigsten vertreten. Viele Muster sind den Trachtenstickereien oder Blaudruckvorlagen entnommen.

Die Eier werden in der Regel Karfreitag verziert. Nach alter Sitte soll jedes Patenkind drei Eier bekommen, die Glück, Gesundheit und Wohlergehen symbolisieren.

Foto 22: Nest mit sorbischen Batik- und Kratzeiern
(Slg. Pohlmeyer)

Foto 23: Tschechoslowakische Batikeier mit Maispüppchen
(Slg. Pohlmeyer)

Thüringen und Erzgebirge

Neu vertreten in der Oster-Ausstellung 1982 sind Ostereier aus *Thüringen*, die mit Binsenmarkapplikation versehen sind (s. Foto 16), ferner ein Gebildbrot in Lammform mit eingebackenem Ei aus dem *Erzgebirge*.

Schlesien

Der Schlesier-Verein »Rübezahl« hat für die Ausstellung freundlicherweise verschiedene interessante Gegenstände aus der ehemaligen *schlesischen* Heimat zur Verfügung gestellt. Dazu zählen insbesondere die sogenannten Oster- oder Sommerstecken, die nach uraltem Brauch am 4. Fastensonntag »Lätare« nach dem symbolischen Vertreiben des Winters zum Einholen des Sommers von den Kindern geschwungen wurden (vgl. S. 33 f.). In der Ausstellung sind bunt verzierte Sommerstecken aus Breslau und Umgebung, Stecken aus Liegnitz, aus dem Kuhländchen und ein großer roter Stecken mit bunten Blumen aus Glogau vertreten. Sie werden teilweise auch »Osterschmeck« oder »Schmackoster« genannt, so daß eine Verbindung zur Schmackostern-Lebensrute (vgl. S. 28 f.) anzunehmen ist.

Typisch ist auch eine »Eier-Unruhe« mit Eiern und Federn in Form eines Mobile, das von der Stubendecke herunterhing. Eine Variante in Form eines Storches wird mit der Heilig-Geist-Taube in Verbindung gebracht.

In dem Heft »Volkskundliches Werken« von Gerda Benz (herausgegeben vom Bundesverband Deutsche Jugend in Europa in Bonn, 1979) findet sich eine Fülle von Anregungen zum Selbermachen und zur Wiederbelebung des Brauchtums aus ostdeutschen Landschaften.

In der Ausstellung sind ferner schlesische Handarbeiten, ein Konfirmationstuch in Tüllstickerei und eine Bunzlauer Kanne vertreten.

Frau Eva Ziehm hat kunstvoll bemalte Eier mit Städteansichten aus Ostpreußen, Pommern, Mecklenburg und Schlesien zu diesem Bereich beigesteuert.

Polen

Polnische Binsenmarck-Eier mit gelben, roten und grünen Wollfäden geben Vergleichsmöglichkeiten zu denen aus der Tschechoslowakei, Hessen und Thüringen. Eine polnische Besonderheit stellen die *Scherenschnitt-Eier* und *Eier-Kännchen* (mit Papp-Applikation) dar. *Kratz-Eier* aus Opol (Oppeln), Osowieć und einigen Nachbardörfern sind wahre Kunstwerke. Die floralen Motive erinnern an Stickereimuster (s. Foto 24).

Die Eier-Kännchen werden auch zur Dekoration des Weihnachtsbaumes verwendet. Zum Vergleich mit den Scherenschnitt-Eiern ist ein schöner polnischer Scherenschnitt hinzugekommen.

Tschechoslowakei

Aus der Slowakei und Walachei kommen *Batik-Eier* mit Sonnenmotiven, die mit dem Stecknadelkopf aufgetragen wurden, oder mehrfach gefärbte Eier, bei denen das österliche Rot vorherrscht (s. Foto 23). Dunkel gefärbte und bunte *Kratzeier* sind aus Böhmen und Mähren vertreten, *Strohapplikations-Eier* aus der Hanna, einer mährischen Landschaft (s. Farbfoto 1). *Binsenmarkeier* (wie in Hessen und Polen) kommen aus der Slowakei, *Eier mit blauer Federzeichnung* aus Mähren. Die mit bunten Bändern geschmückte *Osterrute* erinnert an den österlichen Schlag mit der »Lebensrute« zur Förderung von Gesundheit, Fruchtbarkeit, Glück und Segen (vgl. S. 28f.).

Ungarn

Aus Mezökövesd stammen *Ostereier mit Blumenmustern*, die ihre direkten Parallelen in Stickerei-Mustern haben (S. Foto 25 und Farbfoto 2). Auch auf der Keramik finden sich Matyo-Motive, benannt nach dem ungarischen König Matthias (Mátyás), der im 15. Jh. der Stadt die Marktrechte verliehen hatte. Ähnliche Entsprechungen gibt es zwischen den blau-rot bemalten *Palóc-Eiern* (Region Nograd) und einer Decke aus dem gleichen Gebiet. Aus Südungarn kommen in fünf Farbgängen gefärbte *Batik-Eier*. Außerdem sind *Spruch-Eier* zu sehen, eines mit dem Vers: »Öffne deine Türe, die du geschlossen, hier ist, den du lang erwartet, lang erwartet, auch in dein Herz aufgenommen.« (Nach Pohlmeyer/Kruhöffer 1980.)

Foto 24: Polnische Eier mit Binsenmark-Verzierung
Scherenschnitt-Ei in Krugform, Kratz-Ei (Slg. Pohlmeyer)

Foto 25: Ungarische Eier aus Mezökövesd mit analogem Stickereimuster
(Slg. Pohlmeyer)

Eine interessante Neuerwerbung bilden zwei sogenannte »beschlagene Eier« aus der Sammlung Eduard Polak (Wien). In *Ungarn* war das Beschlagen von Eiern ein Vorrecht der Schmiedegesellen, die damit dem Meister und dem angebeteten Mädchen ihre Geschicklichkeit unter Beweis stellten. Sie sind ein Zeichen dafür, daß sie sich nicht nur auf grobe Schmiedearbeit, sondern auch auf die zarte Behandlung eines Eies verstanden. Dünne Metallplättchen und -streifen werden auf einem Holzei zurechtgehämmert und dann mit feinen Nägeln in zuvor gebohrte Löcher in das Ei eingelassen (s. Tafel 4).

Rumänien

Batik-Eier mit einer naiven Abendmahl-Darstellung (s. Foto 11) und geometrischen Mustern, in leuchtenden Farben *bemalte* Eier aus den Moldau-Klöstern und bunte mit *Perlen* auf einer Wachsschicht verzierte Eier zeugen von der Kunstfertigkeit rumänischer Frauen und Männer (vgl. Foto 28).

In der Osterausstellung 1982 werden weitere Perlen-Eier gezeigt, ferner Wachsreserve-Eier aus der *Bukowina*, Holzeier, ein Prozessionskreuz und beschnitzte Hirtenbecher aus altem Museumsbestand.

Sowjetunion: Ukraine

Zu den interessantesten Ostereiern zählen die ukrainischen. Man unterscheidet dort zwei Arten von Eiern: *»Krashansky«* – einfarbig gefärbte Eier als Osterspeise und *»Pysanky«* – sog. »beschriebene«, mehrfarbig in Batiktechnik verzierte Eier. Letztere werden nach der Speiseweihe im Weihkorb (s. Foto 9) das ganze Jahr über aufbewahrt. Über die reiche Mustersymbolik wurde bereits oben berichtet (vgl. S. 49f.).

Eine besondere Gruppe bilden die *huzulischen »Pysanky«* aus den ukrainischen Karpaten (s. Tafeln 9 und 10). Sie zählen zu den schönsten Ostereiern überhaupt. Am häufigsten ist auf diesen Eiern das Kreuzmotiv mit vielen Varianten vertreten.

Von ukrainischen Emigranten in den USA stammen Ostereier, die mit Mustern von Keramik der jungsteinzeitlichen *Tripolje*-Kultur verziert sind. Zu den Mustern zählt ein Wellenband-Ornament, das unter der Bezeichnung »ukrainischer Mäander« (ohne Anfang und Ende die Ewigkeit symbolisierend) bekannt ist.

Ukrainische Emigranten haben auch Briefmarken mit charakteristischen Ostereiermotiven gedruckt. Wir konnten für die Ausstellung einen Bogen erwerben (s. Tafel 10).

Da unter den ukrainischen Ackerbauern (Schwarzerdegebiet) das Brot eine besondere Rolle spielt, dürfen neben den »Pysanky« und »Krashanky« die aus Hefeteig gebackenen *Pás'ky, Bábky* und *Pallaný'cy* (verschiedene Brotarten) nicht fehlen. Auf einem Topfkuchen (Kulitsch) sind mit Zuckerguß die Anfangsbuchstaben der Begrüßungsformel CHRISTOS WOSKRESSE (X B) – Christ ist erstanden – aufgemalt. Als Zutaten auf dem Ostertisch findet man neben den Eiern und Broten Salz, Butter, Käse und Meerrettich.

(Die Informationen stammen von der ukrainischen Studitin Swatja Pokrow, Emmerich.)

Sowjetunion: Rußland

Die Großrussen, von alters her in erster Linie Hirten, Händler und Bauern in den Waldgebieten, kennen nur die einfarbig gefärbten *Krashanky* und das Osterbrot. Im Mittelpunkt steht die *Käse-Pas'ka* aus Quark, Sahne, Butter und Zucker, die in einer aus geschnitzten Brettchen zusammengesetzten Form pyramidenförmig geformt wird. Jedem Gast wird von der *Käse-Pas'ka* zum Essen angeboten, in der Ukraine dagegen ein gekochtes Ei und Osterbrot. Als Osterbraten gilt das Lamm, bei den Ukrainern hingegen das Spanferkel.

Als folkloristische Variante sind die in der Ausstellung vertretenen bemalten *Holz-Eier* anzusehen. Die mit bekannten *Ikonenmotiven* bemalten Eier zeugen von der großen Ikonenverehrung in der russisch-orthodoxen Kirche (s. Foto 27).

Ein Osterteller mit roten Eiern in einem Salzberg soll an den Auftrag der Apostel erinnern: »Ihr seid das Salz der Erde.«

84

Foto 26: Holzschale mit Batikeiern und einem bemalten Holzei.
Ukraine (Slg. Pohlmeyer)

Foto 27: Russische Ikoneneier mit dem Bildnis der Gottesmutter
(Slg. Pohlmeyer)

Sowjetunion: Litauen

Aus Litauen kommen ein *Kratz-Ei* mit einer litauischen Landschaft, einige *Batikeier* und bemalte Eier mit den litauischen Farben Gelb, Grün und Rot. Daneben sind eine Reihe von Palmstecken zu sehen (vgl. Tafel 6).

Sonstige europäische Länder

Italien ist in der Sammlung Pohlmeyer mit Eiern aus farbigem *Murano-Glas* (Venedig) und *Holzeiern* aus dem Grödner-Tal vertreten –
   Portugal mit natürlichen Palmwedeln und »*Palmitos*« aus buntem Metallglanzpapier (vgl. Titelfoto) –
   Frankreich mit Flöten in Ei-Form und mit einem Ei aus Zuckerguß –
   Holland mit Ostergebäck mit eingebackenem Ei und einer gestickten Osterlammdecke –
   Schweden mit *Glas-* und *Holzeiern* –
   Dänemark mit Ton-Eiern (Bornholm) –
   Großbritannien mit einer Schmuckdose aus einem schwarz lackierten Hühnerei und einem Porzellan-Ei –
   Griechenland mit *roten Eiern*, eingebackenen Eiern und Ostergebäck und – aus Kreta – mit *Pflanzen-Reserve-Eiern*, einer großen Osterkerze und Stickereien. Hinzugekommen sind Oster-Gebildbrote aus Patras und ein Oster-Kreuz vom Berge Athos.
   Eine interessante kunstgewerbliche Neuerwerbung bildet eine Dose in Eiform mit Jugendstil-Dekor, vermutlich Deutschland um 1900.

China und Japan

Das Ei steht in China im Zusammenhang mit Vorstellungen der Erschaffung des ersten Menschen und der Entstehung der Welt (vgl. S. 13). Die heute angebotenen *bunt bemalten, lackierten, getuschten* oder *durchbrochen gearbeiteten Eier* sind jedoch vermutlich kunstgewerbliche Produkte: Die Form des Eis bot sich als Träger dieser kleinen Kunstwerke an. Originell ist ein aus einem Ei schlüpfendes Küken aus Elfenbein (s. Foto 29).

Foto 28: Rumänische Ostereier, links mit Perlen besetzt,
rechts Batik-Ei mit Stickereimuster
(Slg. Pohlmeyer)

Foto 29: Elfenbeinschnitzerei: Küken im Ei, China
(Slg. Pohlmeyer)

Aus *Japan* sind Eier mit Verzierungsmotiven nach Art japanischer Farbholzschnitte vertreten.

Kaschmir

Aus Kaschmir stammt eine ovale mit stilisierten Tierköpfen geschmückte Schale, die mit kunstvoll *bemalten, lackierten Eiern* gefüllt ist. Florale Motive und Reiterfiguren herrschen vor.

Pakistan

Pakistan ist mit bemalten Pappmaché-Eiern vertreten, angeblich Erzeugnisse von Teppichwebern.

Mexiko

Die aus Mexiko kommenden bemalten Pappmaché-Eier, große und kleine *Ton-Eier*, Onyx-Eier u. a., sind in der Regel kunstgewerbliche Produkte ohne traditionelle Bezüge.

Weitere Beispiele der Sammlung Pohlmeyer, die im Zusammenhang mit kunstgewerblichen Tendenzen oder mit der Passionsgeschichte stehen, können hier nicht näher berücksichtigt werden. Jedenfalls bietet die Sammlung in ihrer Breite und Qualität einen guten Überblick über das derzeitige traditionsverhaftete und kunstgewerbliche Schaffen in Verbindung mit dem Ei und österlichem Brauchtum in Europa und Übersee.

Österlicher Konsum

Wir haben uns darum bemüht, die österlichen Konsumartikel der heutigen *Schokoladenindustrie* in unsere Betrachtung einzubeziehen, um damit die Sammlung Pohlmeyer der »*heilen österlichen Welt*« den zeitnahen Aspekten unserer Konsumgesellschaft gegenüberzustellen. Die meisten Menschen hierzulande kennen außerdem Ostereier mittlerweile häufiger in Form von Schokoladeneiern als in ihrer ursprünglichen Form.

Heute verführt das reiche Angebot der Schokoladenindustrie auch zu Ostern zum passiven Konsum. An die Stelle der früher liebevoll verzierten einzelnen Kunstwerke tritt die »Glimmer«-Massenware im Kaufhausangebot.

Einen guten Eindruck von der Viefalt des Angebotes bietet der Osterkatalog der Firma *Petzold & Aulhorn (Pea)* aus Hamburg. Im Angebot waren 1982 (s. Foto 33):

a) 11 verschiedene Schokoladen-Osterhasen (darunter auch Hasen-Musikanten, Jeans-Hasen und Hasen-Jungen) – der Versand-Karton mit Klarsichtfolien-Fenster dient gleichzeitig als »Regal-Display« (Ausstellungseinheit)

b) 4 Typen großer Präsent-Eier

c) eine bunte Ostereier-Mischung (darunter »Ornament-Eier«, Sahne-Karamel-Eier, mit Eierlikör, Nougat, Knickebein, Gin-Zitrone, Heidelbeer-Likör, Kirsch-Rum, Weinbrand usw. gefüllte Eier, Gelee-Eier, Blätterkrokant-Eier, Marzipan-Eier – kurz: alle erdenklichen Geschmacksrichtungen)

d) Marien- und Maikäfer, Entchen

e) Zieh-Schokolade mit lustigen Osterfiguren für Kinder

f) zwei Oster-Uhren mit 12 Schokoladen-Eiern neben dem Zifferblatt.

Aufwendige Werbekampagnen steuern den Geschmack. Steigende Ansprüche haben zum bombastischen, staniol-glänzend verpackten *Super-Präsentei* geführt. Es ist oft mit kleineren Eiern, Pralinen oder Überraschungen für unsere Kleinen gefüllt. Dabei kommt es weniger auf die Schokoladenmenge als auf die Qualität und den Repräsentationscharakter an – das Präsent-Osterei wird zum *Prestige-Objekt*.

Manipuliert auf ganz andere Weise werden die kleinen Kunden. Da die Massen der zu Weihnachten und Ostern geschenkten Süßigkeiten häufig nicht mehr zu bewältigen sind, verlagert sich der Trend hin zum

Foto 30–32: (oben links) Osterhasen in der Form;
(oben rechts) Schokoladenhasen werden mit Schleifen geschmückt;
(unten) Osterhasen werden bemalt.
(Aus dem Nachlaß Georg Buschan, um 1920–30)

Oster-Spielzeug. Schokoladenei und -hase werden psychologisch raffiniert in Püppchen mit treuherzigem Augenaufschlag oder in großäugige Tiere zum Liebhaben verwandelt.

Das prickelnde *Schatzsuche*-Bedürfnis aller Kinder wird durch das Angebot von *Überraschungen* ausgenutzt. Diese, inzwischen Renner unter den Osterartikeln, sprechen die Sehnsucht der Kinder nach dem Besonderen, Einzigartigen an. Doch die billigen Plastikerzeugnisse im Innern bringen nur kurze Freude und beim Spiel bald große Enttäuschung. Dennoch bleibt die Hoffnung, im nächsten Ei etwas Besonderes zu finden. So ist es den Überraschungsei-Herstellern sogar gelungen, diese zu einem *Jahresartikel* zu machen, losgelöst vom Osterfest.

So werden Osterei und Osterhase – einst Symbol des Lebens, der Fruchtbarkeit oder der Auferstehung Christi – zu einem von Tausenden von Artikeln unserer Konsumgesellschaft. Erstrebenswert ist, was auch der Nachbar besitzt, wobei sich allerdings jeder selber narrt. Denn einmal schadet die Masse des Süßen und Alkoholischen in den Eiern der ohnehin bei vielen Konsumenten strapazierten Gesundheit. Die Wohlstandsgesellschaft *konsumiert* das »Symbol des Lebens«, ohne wahrzunehmen, daß sie möglicherweise an »Überfettung« zugrunde geht. Zum anderen bringen sich die Menschen durch ihr sinnentleertes Konsumverhalten selbst um den tiefen Sinn des Osterfestes, um die Teilhabe an der Wiedererwachung der Natur und – für die Gläubigen – an der Auferstehung Christi und um die Freude am liebevollen Detail. Ostern – ein Fest der Freude – wird dann leicht zu einem verlängerten arbeitsfreien Wochenende ohne Mittelpunkt.

Wenn die Ausstellung und dieses Büchlein ein wenig dazu beigetragen haben, über den Sinn des Lebens nachzudenken, wenn sie vom passiven, gedankenlosen Konsum wegführen zur aktiven Gestaltung des persönlichen und sozialen Lebens, dann ist ihr Zweck erfüllt.

Ein Osterei als »Ei des Anstoßes«? Wir schließen uns den Versen von Eva Ziehm an:

Wenn Dir dieses Ei gefällt,
hoff' ich, daß Du nicht vergißt,
wie zerbrechlich diese Welt
und mit ihr das Leben ist.

Foto 33: Schokoladenhasen als Musikanten und Ziehschokolade
mit lustigen Osterbildern
(aus dem Osterangebot der Firma Pea, Hamburg 1980)

Osterbräuche – aus der Erinnerung unserer Besucher

In der Osterausstellung 1981 wurden die Besucher angeregt, aus ihrer Erinnerung alte Bräuche und Osterreime ihrer Heimat zu notieren. Aus diesen Notizen haben wir folgende ausgewählt und chronologisch geordnet:

Osnabrücker Raum	Am Palmsonntag gab es den »Palmpauschen«, ein Holzkreuz mit angehobelter Oberfläche (Holzspäne hängen wie Löckchen daran) mit bunten Bändern, Glöckchen, Schokoladenhasen für die Kinder. Dazu sang man: »Palm, Palm, Pauschen, laß die Blätter rauschen, laß die Glöcklein klingen und die Vöglein singen.«
Essen (Ruhrgebiet)	Am Gründonnerstag sagte man den Kindern »Nun fliegen die Glocken nach Rom zum Reis-Essen. Deshalb werden sie bis Karsamstag nicht mehr läuten.« Stundenlang standen wir Kinder auf der Straße und wollten unbedingt die fliegenden Glocken sehen. Karfreitag gab es immer »Stockfisch«.
Sudetenland	Vom Gründonnerstag bis Ostersamstag früh läuten keine Glocken, deshalb gingen die Schulkinder mit Holzratschen, um die Glocken zu ersetzen.
Niederschlesien (um Breslau)	»Griendurschti« – Gründonnerstag wurden in den Vorgärten junge Bäume mit selbstbemalten Ostereiern behängt. Heute noch in der DDR.
Egerland (Böhmen)	Im Egerland wurde (1917) zu Ostern im Teller Hafer gesäht und ringsherum die bunten Eier gelegt. In die Mitte stellte man einen Hasen aus Ton. (H. Wiendt)
Mecklenburg	Am Ostersonntag vor dem Hellwerden gehen die Mädchen zu einem Brunnen und holen Osterwasser. Dabei dürfen sie nicht sprechen. Der erste Mann, den sie dann trafen, war der

	zukünftige Ehemann. Das Osterwasser wurde aufbewahrt.
	Unmittelbar nach dem Aufstehen am Ostersonntag wurde ein Apfel gegessen. Gesundheit fürs ganze Jahr.
Pommern	Osterstiepen. Wer als erster aufwacht (natürlich meist die Kinder) geht durchs ganze Haus mit einer Osterrute, zieht allen Schläfern die Decke weg und treibt sie aus den Betten, oft durchs Dorf, im Nachthemd. Sie können sich mit Eiern freikaufen. »Stiep, Stiep...«
	Wir haben früher unserem Vater beim Spazierengehen die Ostereier gegeben, der hat sie unserer Mutter gegeben, und die hat sie dann wieder versteckt.
Kärnten	(Wolfsberg, Millstätter See) – Ein hartgekochtes Ei wird auf die Wiese gelegt (von Kindern), ein Erwachsener muß mit einem Geldstück das Ei so treffen, daß es im Ei stekkenbleibt. Die vorbeigezielten Geldstücke gehören dem Kind, das getroffene Ei dem Werfer.
Rußland	Jeder Mitspieler bekommt eine Anzahl Eier, die umschichtig von einer schrägen Holzbahn herabgerollt werden. Trifft man ein anderes Ei, darf man es behalten und noch einmal rollen (entspricht dem »Waleien«).
Rußland	»Russische Lappeneier«: Man nehme ein rohes Ei, befeuchte es, streue verschiedene zerstoßene Farben darauf, am besten mit einer Messerspitze, umhülle das Ei mit möglichst großen Zwiebelschalen, wickle das Ganze in einen Lappen, den man *fest* verschnürt und koche das Ei ca. 15–20 Min. in Essigwasser – so üblich im Baltikum (vgl. das Gedicht von Lothar Stengel, von Rutkowski: »Kindheitserinnerung«, s. unten).
Westerwald	Im Westerwald machten die Kinder am 1. Ostertag einen Spaziergang zu einem Ameisenhaufen. Ziel war es, seine Eier von den

Ameisen möglichst schön geätzt zu bekommen. Manchmal wurde auch versucht, die Muster orakelhaft zu deuten.

Rhön
In der Rhön werden gefärbte Eier (früher vorwiegend mit Zwiebelschalen gefärbt) am Ostersonntag auf den Wiesen hochgeworfen. Sieger ist der, dessen Ei am längsten heil bleibt. (E. Dieckmann)

Nordfries. Inseln
»Ostereierwerfen«. Die Eier werden in die Luft geworfen und schlagen auf dem weichen Marschboden auf. Dabei rufen die Kinder: »Eike, pukeleike, kaam heel wedder daal.«

Salzburg
Ostersonntagmorgen wurde zuerst etwas geriebener Kren (Meerrettich) gegessen zur Erinnerung an das bittere Leiden Christi. Dann erst gab es Honig, Eier und das übliche Frühstück.

Oststeiermark
Osterfeuer. In den meisten Höfen. Am Sonnabend vor Ostern werden sie angezündet. Am Ostersonntag muß es bestimmte Lebensmittel geben. (Osterzopf, Kren, Fleisch...) Das Fleisch (Schinken) muß an bestimmten Tagen vor Ostern eine bestimmte Zeit vor dem Haus in der Sonne liegen. Es wird dadurch geweiht (= Weihfleisch).
Die Leute stehen zusammen um das Feuer herum, und die Pärchen, die im Laufe des kommenden Jahres heiraten wollen, müssen zusammen darüberspringen.

Schwalm
In der Schwalm (Hessen, Reg.-Bez. Kassel) bestehen noch heute diese Bräuche:
1. *Eierholen,* die Jungen bei den Mädchen, »fensterlnderweise« (z. B. Obergrenzebach) (vgl. S. 19)
2. *Fensterversteigerung:* Jungen »ersteigern« die Fenster der Mädchen in der Nacht von Ostersonntag auf -montag z. B. Rollshausen (P. + R. Müller, Obergrenzebach)

Osterreime – aus der Erinnerung unserer Besucher

Ebenso wie die Anmerkungen zu den Osterbräuchen ihrer Heimat im vorherigen Kapitel stammen die folgenden Osterreime aus der Erinnerung der Besucher unserer Oster-Ausstellung 1981. Wir möchten Sie auch künftig bitten, uns Ihre Erinnerungen an Osterbräuche und Osterreime der Vergangenheit und Gegenwart mitzuteilen (per Adresse Hamburgisches Museum für Völkerkunde, Binderstr. 14, 2000 Hamburg 13).

Osterhäschen, Osterhas',
komm mal her,
ich sag Dir was.
Geh doch nicht an mir vorbei,
schenk mir doch ein Osterei.
Legs ins Körbchen, legs ins Kissen,
ich werd's schon zu finden wissen.
Danke, lieber Osterhas,
für den schönen Osterspaß.

Osterhase, Osterhase,
steck die Blumen in die Vase,
Pack die Eier nicht in den Dreck,
sondern find ein anderes Versteck.
Hübsche bunte Eier
tragen viel bei zu einer
schönen Osterfeier.

Osterhas, Osterhas,
leg uns Eier in das Gras.
Große Eier, kleine Eier
für die frohe Osterfeier.

Osterhas, Osterhas,
da sitzt du ja im grünen Gras,
bring uns Ostereier fein,
und nicht zu klein.
Nougat, Vollmilch, Karamell,

aufgegessen sind sie schnell,
drum bring uns viele
in die Diele,
versteck sie aber nicht zu schwer,
sonst finden wir sie ja nicht mehr.

Osterhäschen, Schnuppernäschen
leg mir doch ein Ei,
kann auch Schokolade sein,
Schokolade schmeckt so fein.
Osterhäschen, Schnuppernäschen
leg mir doch ein Ei!

Ein Häschen und ein Has'
saßen zusammen im grünen Gras.
Braun waren sie wie die Mohren
mit zwei langen Hasenohren.
Sie schnuppern eifrig in den Wind,
neugierig, wie die Hasen sind.
Da sagt es plötzlich Knall im Busch!
Fort sind die Hasen husch, husch, husch!
Fort sind die Hasen eins, zwei, drei.
Was blieb zurück?
Sooo ein Osterei!
(mit den Händen und Armen einen großen Kreis [Osterei]
zeichnen)

Rische, rasche, rusche,
Der Hase sitzt im Busche.
Wollt ihr mal das Leben wagen?
Wollt ihr mal den Hasen jagen?
Rische, rasche, rusche.
Der Hase sitzt im Busche.

Eia, eia, Ostern ist da,
fasten ist vorüber,
das ist mir lieber,
Eier und Wecken
viel besser mir schmecken.
Eia, eia, Ostern ist da!

Zum Schmackostern komm ich her,
wünsch euch »Guten Morgen«!
Gebt mir alle Eier her,
die ihr habt geforben:
rot, blau, grün und weiß;
ich nehm' sie all' mit Dank und Fleiß.
(Ostpreußen, vgl. s. S. 28f.)

Schmackoster, Schmackoster,
Drei Eier, Stück Speck,
dann nehm ich mein Rütchen
und laufe schnell weg.
(Bis 1945 in Masuren / Ostpreußen)

Oster, Schmackoster,
drei Eier, Stück Speck,
Dittke forn Biedel,
sonst goa ick nich weg.
(Tilsit / Ostpreußen)

»Oastre, Schmackostre
fief Eier, Stück Speck,
denn goa eck glick weg!«
(Ostpreußen-Natangen)

Stiep-stiep Osterei!
und gibst du mir kein Osterei,
so stiep ich dir das Hemd entzwei!
(österliches Wecken mit Stiepruten-Birkenzweigen be-
grünt, morgens 6 Uhr, Stettin / Kolberg)

Das folgende Gedicht über das Ostereierfärben nach alter Tradi-
tion im baltisch-kurländischen Raum erhielten wir über eine freund-
liche Zuschrift. Es stammt aus dem Buch von Dr. Lothar Stengel von
Rutkowski »Vogelflug und Seinsminute« (Hohenstaufen Verlag,
Bodmann / Bodensee 1978). Wir geben es hier wieder mit freundlicher
Genehmigung des Autors.

Kindheits-Erinnerung

von Dr. Lothar Stengel von Rutkowski

Frühlingskräuter
mußt Du suchen,
Blätter, Blüten,
Gänseblümchen,
Veilchen, Primeln,
Scharbockskraut,
Buschwindröschen,
Lerchensporn.

Weiße Eier
mußt Du waschen,
daß sie frei
von fettgen Fingern,
treulich spiegeln
Pflanzenformen,
die du ihnen aufgelegt.

Und dann
zaubre
Hintergründe:
Zwiebelschalen,
bunte Läppchen
Blauholz, Rotholz,
Krepp-Papier.

Lege sorgsam
auf die Eier,
was vom Frühling
Du entliehen.
Bind es fest
mit Seidenfäden,
daß die Pracht
Dir nicht
verrutscht.

Halte auch mit
Band aus Bast,
was an bunten

Hintergründen
Deinem Speicher
du entlockst.

Wickle in
ein Taschentuch
oder alte Wäschefetzen
nun das Ei. –
Wie Kohlrouladen
man in Weißkohlblätter
wickelt.

Gut verschnürt
hinein ins Wasser,
bis es kocht!
Dann zehn Minuten
noch Geduld! –
Ruhe bewahren!
Schere holen!
Fäden schneiden!
Ei befrein
aus seinen Hüllen!

Als Hebamme
Dich beweise:
Ei-Geburt
aus heißem Wasser,
Lappen, Schnüren,
Kräuterresten.

Schreck sie ab,
mit kaltem Wasser!
Reib mit Speck sie,
bis sie glänzen.

Vor Dir liegen
kleine Wunder,
Batikfarben, Blattform weisend,
grad, als hätte die Natur
Dir ihr Bestes hergegeben
und die schönsten Ostereier
aller Welt grad' Dir geschenkt!

Die im laufenden Text (S. 46 und 91) bereits eingefügten und die folgenden Gedichte auf den Seiten 101, 105 und 106 stammen von der Hamburger Künstlerin Eva Ziehm. Sie wurden erstmalig anläßlich des 2. Norddeutschen Ostermarktes im Hamburgischen Museum für Völkerkunde 1986 veröffentlicht und werden hier mit freundlicher Genehmigung von Eva Ziehm abgedruckt.

Das leere Ei ist ein Objekt,
das viel Bewunderung erweckt.

Hübsch bunt bemalt
gleicht's einer Welt,
die man erstaunt in Händen hält,
die man erkennt und herzlich liebt,
weil sie den Menschen Freude gibt.

*

Wie dieses Ei
so glatt und rund
soll auch Dein Leben sein.

Darum gib acht,
halt Dich gesund

und dann gedenke mein.

LITERATUR

Die ursprünglich von Katharina Dietze (†) zusammengestellte Literaturliste wurde von R. Vossen für diese Ausgabe ergänzt.

a) Osterbrauchtum

Arnott, Margaret: »Die Ostereier in Griechenland«, in: Schweizer Archiv f. Volkskunde 53, 1957, S. 189 ff.

Albers, H. J.: »Das Jahr und seine Feste«, J. Wegner, Stuttgart 1917

Becker, Albert: »Zur Geschichte des Osterhasen und seiner Eier«, in: Zeitschrift für deutsche Volkskunde 35/36, 1925/26, S. 174 ff.

Becker, Albert: »Osterei und Osterhase«, Jena 1937

Blau, Josef: »Böhmerwalder Hausindustrie und Volkskunst«, Prag 1917/18

Bott, Irmgard: »Ostereier-Malerei aus Mardorf und Erfurtshausen«, Königstein 1979

Burgstaller, Ernst: »Ostergebäcke in Österreich«, in: Schweizer Archiv f. Volkskunde 53, 1957, S. 98 ff.

Dunăre, Nicolae: »Verzierung der Ostereier bei den Rumänen, in: Zeitschrift f. Ethnologie, LXXXIV, Braunschweig 1959.

Fehrle, Eugen: »Feste und Volksbräuche«, Hünenthal Verlag, Kassel 1955

Földes Györgyi, E.: »Ostereierornamentik in Ostmitteleuropa«. In: Volkskunst, 2, Mai 1986, S. 40 ff.

Galanti, Bianca Maria: »Traditioni gastronomiche d'Italia: dolci pasquali«, in: Schweizer Archiv f. Volkskunde 53, S. 147 ff.

Galler, Werner: »Ostern in Niederösterreich«, in: Wissenschaftliche Schriftenreihe Niederösterreich Nr. 9, St. Pölten 1975

Graff-Höfgen: »Ostereier zwischen Kunst und Kommerz«. In: Volkskunst, 2, Mai 1986, S. 36 ff.

Grein, Gerd J.: »Osterei und Osterbrauch in Hessen«, Sammlung zur Volkskunde in Hessen Nr. 1, Museum Otzberg – Lengfeld 1976

Györgyi-Földes, Erzsébet: »A tojáshimzés diszitménykincse« (Der Ornamentschatz der verzierten Eier), Budapest 1974

Hain, Mathilde: »Bemalte Ostereier in Hessen«, in: Schweizer Archiv f. Volkskunde 53, S. 70 ff.

Heim, Walter: »Osterbrauchtum«, Kanisius Verlag, Freiburg 1979

Henggeler, Rudolf O., Einsiedeln: »Ostern und der klösterliche Osterzettel«, in: Schweizer Archiv f. Volkskunde 53, S. 221 ff.

Hepding, H.: »Ostereier und Osterhase«, in: Hessische Blätter f. Volkskunde Bd. 26, 1977

Houart, Victor: »Easter Eggs«, London 1978

Ilg, Karl: »Sitte und Brauchtum, Osterei und Osterbrot in Tirol«, in: Schweizer Archiv f. Volkskunde 53, S. 93 ff.

Jagodic, Maria, Ljubljana: »Über Ostereier und Ostergebäck in Slowenien (Jugoslawien)«, in: Schweizer Archiv f. Volkskunde 53, S. 156 ff.

Jakoby, A.: »Zur Geschichte der Ostereier«, in: Hessische Blätter f. Volkskunde 28, 1929

Kretzenbacher, Leopold: »Vom roten Osterei in der grünen Steiermark«, in: Schweizer Archiv f. Volkskunde 53, S. 109 ff.

Kunz, Ludvig: »Mährische Ostereier«, in: Schweizer Archiv f. Volkskunde 53, S. 160 ff.

Liebl, Elsbeth: »Osterspiele im Atlas der schweizerischen Volkskunde«, in: Schweizer Archiv f. Volkskunde 53, S. 61 ff.

Luciow, Johanna, u. a.: »Zauberhafte Eier (Ukraine)«, Bern und Stuttgart 1976

Meertens, P. J.: »Ostereier und Ostergebäcke in den Niederlanden«, in: Schweizer Archiv f. Volskunde 53, S. 125 ff.

Mössinger, Friedrich: »Odenwälder Binseneier«, in: Schweizer Archiv f. Volkskunde 53, S. 74 ff.

Mogk, Eugen: »Das Ei im Volksgebrauch und Volksglauben«, in: Zs. f. Volkskunde 25, 1915

Moser, Hans: »Brauchgeschichtliches zu Osterei und Osterbrot in Bayern«, in: Schweizer Archiv f. Volkskunde 53, S. 78 ff.

Newall, Venetia: »An Egg at Easter« (A Folklore Study), Routledge und Kegan Paul, London 1971

Nickel, Johannes: »Lausitzer Ostereier«, in: Schweizer Archiv f. Volkskunde 53, S. 84 ff.

Perusini, Gaetano: »Uova e pani di Pasqua in Friuli«, in: Schweizer Archiv f. Volkskunde 53, S. 143 ff.

Pieters, Jules: »Oeufs de Pâques en Belgique«, in: Schweizer Archiv f. Volkskunde 53, S. 120 ff.

Pfleger, Alfred: »Osterei und Ostergebäck im Elsaß«, in: Schweizer Archiv f. Volkskunde 53, S. 116 ff.

Pohlmeyer, M. / Kruhöffer, B.: »Osterfest und Osterbrauch«, Bomann-Museum, Celle 1980

Pranda, Adam: »Die slowakischen Ostereier (Ornamentik und Brauchtum«), in: Schweizer Archiv f. Volkskunde 53, S. 165 ff.

Ränk, Gustav: »Ostereier in Estland«, in: Schweizer Archiv f. Volkskunde 53, S. 138 ff.

Richter, Erwin: »Das Osterei in der Volksmedizin«, in: Schweizer Archiv f. Volkskunde 53, S. 88 ff.

Sándor, István: »Ostereier in Ungarn« und »Das ›beschlagene‹ Osterei«, in: Schweizer Archiv f. Volkskunde 53, S. 175 ff.

Schmidt, Heinz: »Osterbräuche«, Bibliographisches Institut, Leipzig

Seweryn, Tadeusz: »Les œufs de Pâques polonais et hutsules«, in: Schweizer Archiv f. Volkskunde 53, S. 172 ff.

Slatineanu, Barbu: »Les œufs de Pâques en Roumaine«, in: Schweizer Archiv f. Volkskunde 53, S. 181 ff.

Tayler, Archer: »Das Ei im europäischen Volksrätsel«, in: Schweizer Archiv f. Volkskunde 53, S. 194 ff.

Vakarelski, Christo: »Œufs de Pâques chez les Bulgares«, in: Schweizer Archiv f. Volkskunde 53, S. 185 ff.

Veiga de Oliveira, Erensto: »Folares et Oeufs de Pâques au Portugal«, in: Schweizer Archiv f. Volkskunde 53, S. 151 ff.

Vilkuna, Kustaa: »Osterfeiern und Vogeleiersuchen in Finnland«, in: Schweizer Archiv f. Volkskunde 53, S. 134 ff.

Vossen, Rüdiger: »Frühlings- und Osterbräuche«. In: Kosmos 4. April 1985, S. 74 ff.

Weber-Kellermann, I., u. Stolle W.: »Volksleben in Hessen 1970«, Verlag Otto Schwartz, Göttingen

Weinhold, Gertrud: »5 Tage im festlichen Jahr«, Ökonomische und vergleichende Sammlung Weinhold, Museum für Deutsche Volkskunde, Berlin

Weiser-Aall, Lily: »Osterspeisen und Osterei in Norwegen«, in: Schweizer Archiv f. Volkskunde 53, S. 130 ff.

Wildhaber, Robert, Basel: »Der Osterhase und andere Eierbringer«, in: Schweizer Archiv f. Volkskunde 53, S. 110 ff.

Wildhaber, Robert: »Zum Symbolgehalt und zur Ikonographie des Eies«, in: Deutsches Jahrbuch f. Volkskunde, Bd. 6, Teil 1

Winter, H.: »Frühjahrsbrauchtum der Osterzeit«, 1937

b) Verzierungstechniken und Osterschmuck

Benz, Gerda: »Volkskundliches Werken« (hrsg. vom Bundesverband Deutsche Jugend in Europa) Bonn 1979

Conzetti, Gerda: »Ostereier sammeln und gestalten«, Bern und Stuttgart 1975

Eder, Elisabeth: »Ostereier und Kerzen mit Wachs verziert«, Freiburg 1979 (Brunnen-Reihe 142)

Epple, Doris: »Neue Ostereier«, Freiburg 1973 (Brunnen-Reihe 100)

Fasold, Hans. »Bunte Ostereier«, Freiburg 1966 (Brunnen-Reihe 24)

Fasold, Hans: »Osterschmuck«, Freiburg 1967 (Brunnen-Reihe 38)

Haupt-Battaglia, Heidi: »Ostereier«, Bern und Stuttgart 1978

König, Wolfhilde v.: »Osterverse«, in: Bayrisches Jahrbuch f. Volkskunde, München 1961

Luciow, Johanna u. a.: »Zauberhafte Eier (Ukraine«), Bern und Stuttgart 1976

Polak, Eduard: »Bunte Eier aus aller Welt«. Die bibliophilen Taschenbücher Harenberg Kommunikation, Dortmund 1980

Schmidt, Ernst: »Bunte sorbische Ostereier«, Bautzen 1975

Schnellenbach, Eva: »Bunte Eier selber dekorieren«, Ravensburg 1977

Sperling, Walter: »Werken und Spielen zu Ostern«, Stuttgart 1968

Ströse, Susanne: »Österliche Festgestaltung«, München 1969

Weinhold, Gertrud: »Das schöne Osterei in Europa«, Kassel 1967

Wildhaber, R.: »Wir färben Ostereier«, Bern 1957

Ein Ei ist nie dem andern gleich.

Ein Mensch ist arm,
        der andre reich,

    jedoch in jedem Falle:
    Zerbrechlich
        sind sie alle.

*

    Wer alles, was er
            herzlich liebt,
    behutsam in den
            Händen hält,
    ist einer, der uns
            Hoffnung gibt,
    daß nicht die Welt
        in Scherben fällt.

Wie dieses Ei
        genau so rund
ist unser Lebenslauf.

Klein fängt er an,
        wird groß und bunt
und hört klein wieder auf.

*

Ob Mensch –
    ob Tier –
es bleibt dabei:
    ihr Ursprung ist
    ein kleines Ei.

RÜDIGER VOSSEN
Weihnachtsbräuche in aller Welt

CHRISTIANS

Rüdiger Vossen

Weihnachtsbräuche in aller Welt

Mit Beiträgen von Karla Vossen und Gertrud Schier
196 Seiten, brosch., mit zahlreichen teils farbigen Abbildungen,
DM 12,80, *unverbindliche Preisempfehlung*

Die Geschichte des Weihnachtsfestes mit seinen Ursprüngen in vorchristlicher Zeit. Uralte, teilweise heidnische »Wendefeste«, Riten und Gebräuche, die zwischen dem 11. November und dem 2. Februar gefeiert wurden, geschildert für alle, die mehr über die Herkunft dieser Feste wissen wollen.

Clara B. Wilpert
SÜDSEE
Inseln, Völker und Kulturen
ca. 190 Seiten, brosch., mit zahlreichen, teils farbigen Abbildungen,
DM 16,80, *unverbindliche Preisempfehlung*

Vor mehr als vierhundert Jahren wurden die Inselgruppen im Stillen
Ozean von europäischen Seefahrern entdeckt. Sie berichteten von
Korallenriffen, blau schimmernden Lagunen, Palmenstränden und
Naturvölkern in scheinbar paradiesischen Lebensumständen. Seither
löst der Begriff »Südsee« schwelgerische Träume bei uns aus, der
Strom der Touristen wächst von Jahr zu Jahr an.
Dieses Buch berichtet von der wechselvollen Geschichte der
Inselvöker, ihren Lebensgewohnheiten und ihrer Kultur.
Mit Beschreibungen der artenreichen Pflanzen- und Tierwelt, einem
Überblick über die heutigen Staaten sowie zahlreichen Photos und
Zeichnungen.